U0935288

每天10分钟，让你的头脑保持健康与活力！

10分钟脑力训练

[英] 葛瑞斯·摩尔（Gareth Moore） 著
路雅琴 译

求真出版社

图书在版编目（CIP）数据

10 分钟脑力训练/（英）摩尔 著；路雅琴 译.—北京：求真出版社，2011.1

ISBN 978-7-80258-077-0

Ⅰ.①1… Ⅱ.①摩…②路… Ⅲ.①智力开发—通俗读物 Ⅳ.①G421-49

中国版本图书馆 CIP 数据核字（2010）第 215073 号

The 10 Minute Brain Workout by Gareth Moore

著作权合同登记号：图字：01-2010-1018

10 分钟脑力训练

著　　者：葛瑞斯·摩尔
译　　者：路雅琴
版权联络：唐雪峰
责任编辑：贺世民
出版发行：求真出版社
社　　址：北京市丰台区卢沟桥城内街 39 号
邮政编码：100165
印　　刷：北京东君印刷有限公司
经　　销：新华书店
开　　本：880×1230　1/32
字　　数：140 千字
印　　张：7.125
版　　次：2011 年 1 月第 1 版　2011 年 1 月第 1 次印刷
书　　号：ISBN 978-7-80258-077-0/G·5
定　　价：15.00 元
编辑热线：（010）83891765
销售服务热线：（010）83892478　83895215　83895438

前　言

众所周知，锻炼身体对于保持人的基本健康非常重要，但似乎很少有报道称，智力训练对于保持大脑活力也同样重要。定期锻炼身体会加强肌肉的柔韧性，加快血液流动，增加氧气和营养物质向肌肉的传送量。同样，大脑的锻炼可以保证大脑内所有重要的神经系统的紧密联系。本书专门设计了用于锻炼大脑的脑力训练，包括 90 个 10 分钟练习，这些练习会帮助你保持大脑的健康与活力，更会给你带来无限乐趣。

不同类型的体育锻炼会让身体不同部位的肌肉活动起来，同样，不同类型的智力挑战也会让大脑的不同部位运行起来。在健身房里，要想练成某个部位的肌肉群，你可以有针对性地选择运动器械和锻炼计划。如果想要进行综合训练，从而使更多的肌肉得到锻炼，你可以去游泳，或是参加有氧运动。研究表明，大脑的锻炼与身体的锻炼是极其相似的。长时间专注于同一类问题或任务，人们就会慢慢地习惯于仅用大脑的一小部分，而让大脑执行多样化的简短任务，会在很大程度上扩大大脑的使用范围，这就是“10 分钟智力训练”的意义之所在。本书包含不同类型的谜语和智力挑战，测试你的观察力和记忆力。每页会有一个或几个任务，花费的时间一般不会超过 10 分钟，但比起把一天的时间都用来考虑一个问题，它更有利于你的智力得到全面锻炼。

我们可以将大脑的使用比喻成身体的有氧运动，尽可能多地使用自己的大脑，目的是保持整个大脑的健康与活力。随着年龄的增长，人的身体的灵活性和力量会有所减退，同样，年龄对大脑的影响也是如此。设想一下，大脑中有将近1000亿个神经细胞，这些神经细胞支配人的语言、注意力、推理、记忆力、视觉、空间意识等认知功能。在这些神经细胞上有将近100万亿到500万亿个连接神经的神经元突触，每根神经都与1000到25000个神经元突触相连，就像一台大型计算机内部复杂的电线一样——与计算机不同的是，如果不经常使用，神经元突触会退化或死亡。一个三岁的孩子有1000万亿个神经元突触，而到成年时，至少有一半已经消失。有效的智力训练会阻止更多的神经元突触减少，从而保持大脑的活力。

定期智力训练最基本的作用是提高记忆力水平，使思维更加敏锐，并且减缓大脑衰退的进程。然而，智力训练并不是影响大脑健康的唯一因素，要想身体健康就要有科学的起居习惯，要想大脑健康也是如此，适当的休息与适当的锻炼同样重要。

睡眠是保持头脑良好状态的主要因素之一，但是，有时人们并不容易获得优质的睡眠。因为人的生活方式的各个方面是相互联系的——如同大脑中的神经细胞一样，很多因素都会干扰睡眠。要想获得好的睡眠，科学起居是非常重要的一步。整个晚上都在乌烟瘴气的酒吧里喝酒，然后在回家的路上狼吞虎咽地吃上一个油腻的汉堡，半夜时倒头大睡，这样的生活方式绝对无法保证充分的睡眠。尽管有些人睡得少一点也可以，但绝大多数人每晚还是需要7到8小时的睡眠时间。如果你觉得很难入睡，那很可能是晚饭吃得太晚或是喝茶或咖啡等咖啡因含量高的刺激性饮料的缘故，这些都会导致睡眠障碍。

如果你认为饮酒能让自己放松，从而容易入睡那就错了，大量饮酒绝对不是获得最佳睡眠的好办法！相反，过度饮酒的负面影响是非常可怕的：酒精可能导致大脑的化学结构不平衡，从而影响我们的思维方式和理解力，还会影响语言能力、平衡感和行为能力。一次性大量饮酒和长时间酗酒一样，都能使大脑萎缩，损害前脑，并引起身体上一连串其他的问题。相对于酒来说，最健康的饮品是水。水占血液的85%，每天喝6杯到8杯新鲜的、干净的水能使毒素排出体外，可以提高我们的能量水平并增强注意力。大脑依赖血液传送氧气和身体正常运行所需的多种氨基酸。如果喝水太少就会导致脱水，从而严重损害大脑的功能。

另一个影响我们大脑活力的因素是吸烟。尽管很多人知道吸烟危害健康，可吸烟成瘾的人却认为吸烟能帮助他们集中注意力。事实上，吸烟会导致对大脑的氧气供应减少，并使维生素B的含量降低——维生素B对于大脑活力至关重要，会严重损害大脑的功能。

通常说来，对身体有害的东西，对大脑也是有害的。但幸运的是，仍有很多东西可以帮助我们保持大脑的健康。在我们日常的食物中，有很多对大脑健康有益。首先是鱼类，如鲐鱼、鲑鱼、鳟鱼、鲱鱼和金枪鱼等都富含丰富的Ω-3脂肪酸。大脑的大部分是水，但固体的百分之六十是脂肪，需要定量补充Ω-3脂肪酸。其次是蔬菜，如生花椰菜。花椰菜富含丰富的维生素，还含有一种抗氧化剂，能够使大脑免于被破坏细胞的氧化剂侵害。此外，富含胡萝卜素的蔬菜如生胡萝卜、红薯和许多深绿色的蔬菜也都对大脑有益，因为人的身体能将胡萝卜素转化成抗氧化的维生素 A。再次是禽畜类食品，如新鲜的鸡肉和鸡蛋都含丰富的蛋白质，能够提高血液中氨基酸的水平。氨基酸能促使大脑产生一种肾上腺素衍生物质，从而改善记忆力、判断力和注意力。同时也能生成多巴胺——多巴胺与协调性及肌肉控制力关系密切。最后是水果和坚果类食品，如杏仁富含蛋白质，含有重要的矿物质和 Ω-6 脂肪酸，对大脑非常有益。香蕉是丰富的酪氨酸的来源。黄豆、红豆、黑豆等豆类中，蛋白质和矿物质含量都很丰富。可以肯定的是，如果食物种类多样，营养均衡，进食有规律，限制摄入垃圾食品，就一定能帮助大脑保持良好的状态。

有了健康的基础，你还需要不断地锻炼。事实上，经常变换日常生活的内容能够使我们思维敏捷，促使我们不断地考虑自己要做什么，而不是机械地处于“自动驾驶状态”，从而使大脑保持活跃。例如，你可以从早晨起床后的简单事务作出改变，如尝试用另一只手刷牙或吃早餐；上班的路上尝试提前一站或是两站下车然后步行到单位；选择一条完全不同的路线回家等等。《10 分钟脑力训练》就是出于这个目的而写的，本书中的练习都能在某种程度上改善我们大脑的健康状况。

本书里所有测试题目的设计思路都很清晰，不需要你耗费大量的时间，只需要你用逻辑思考来解决你面前的问题。如果是小谜语，就考虑一下如何进行推理；如果是记忆力测试，你需要做的就是要记住需要进行记忆的东西；如果题目涉及到数学，并且很复杂，那就考虑一下如何把问题简单化——本书中的数学问题都有非常简单的解决方式。实际上，大部分数学问题需要你先读完整道题目，再进行思考。

你在本书遇到的谜语或问题类型也许会出乎预料，所以掌握一些基本的解题原则会很有帮助。

首先，要记得用逻辑思维来思考所有的问题。谜语和测试的设计目的都是要你进行思考，所以有时被卡住并不一定是件坏事。如果问题里面涉及数字和单位，比如“每小时多少英里”，就想想现实生活中的这些单位代表什么——每小时多少英里意味着用英里数除以小时数。所以如果告诉你火车以每小时 40 英里的速度行驶 15 分钟，意思就是英里数除以小时数等于 40，或者是 40 乘以小时数等于英里数。因此，15 分钟所走的路程就是 0. 25 “小时” ×40 = 10 “英里”。一点点的逻辑思维就能让看似繁琐的问题变得简单。

其次，如果遇到记忆力测试题，你要在脑海里构建一幅图画。这种做法会促使你思考并加工你所读到的内容。如果构建的图画很荒唐，你就能很容易记住图画的内容。例如，你需要记住单词“bicycle” 和“house”，那就设想一辆自行车正从一所房子的上空飞过，你就不容易忘记这个联想。你还可以在脑海里建立一连串类似这样的联想链条，这种方法能让你记住数量惊人的单词。即便有可能会忘记，但在回想的过程中，你不断运用大脑，大脑同样会受益，因而这种训练能帮你提高记忆力。

最后，把你到目前为止算出来的东西记录下来。有的题目需要用笔来填写答案，那就不妨做每一道题都用笔写写。当然，如果你能把所有的东西都记在脑子里，那最好不过。但是如果你发现自己有些发呆，或是已经花费了很长时间仍解不出题目，那么不妨把你的思路写下来——这么做有助于你理清思路。对于一些数谜或数独之类的题型，用笔写出来会是一个捷径。

本书的内容会随着训练的进程越来越难，可以划分为三个层次：初级、中级、高级。每级的问题都会在本级之后给出答案。如果你不知道如何解决某个题目，就扫一眼后面的解题范例。解题范例并不能给你解释为什么这么解题，所以即便你在看答案时可以记住一部分，亲自解题时仍然会遇到挑战。需要指出的是，记忆力测验题没有答案，只会在题目下一页留出空格供你填写。

总而言之，无论你处于什么年龄段，你的头脑对于做任何事情来说都非常重要，你应该自觉地保持大脑的良好状态。《10分钟脑力训练》就能帮助你做到这一点。虽然书名为《10分钟脑力训练》，但很多测试你都能在10分钟以内完成。即使在一个问题上用了过长的时间也不用担心，因为对于某些题型，比如数独，你对它越熟悉，所花费的时间将会越少。在另一些问题上，你会发现10分钟是不够的，这时你可以把解出题目当做一种乐趣，想用多长时间就用多长时间，也可以过几天后再花10分钟来完成。研究表明，这些小数量的有规律的脑力训练会使老年人的思维敏锐，比实际年龄年轻10岁。所以，如果每天花一点时间来看这本书，大脑得到的锻炼会成为你保持身体健康和活力的重要组成部分。

目　录

初级训练

初级训练 1

数 独

	9		2			3		7
4				9		5	8	
	7			5			9	2
	2			4		9		1
9	3						5	8
1		8		3			7	
3	4			6			2	
	8	9		7				3
5		7			4		1	

规则非常简单：在 3 × 3 的格子当中填入 1 ~ 9 的 9 个数字，使 1 ~ 9 每个数字在每一行和每一列只出现一次。

不要盲目猜测，答案是唯一的。如果你不确定已经完全了解规则，可以快速浏览一下答案，看看应该怎么做。

初级训练 2

阅读下面的小故事，然后在不回看原文的情况下，尽可能多地回答下面的问题。

星期二，卡蒂和她哥哥汤姆的小狗萨米散步。萨米是一只非常友善的狗，他总是以狗的方式向他的密友同类打招呼。萨米最好的朋友有当地理发师的金色猎犬五福，还有巴克先生——这是一只西班牙小猎狗。萨米养成了好习惯，在公园里总是按照顺时针的方向与它的主人卡蒂散步。而其他的狗则带着它们的主人在公园按逆时针的方向散步。有时候，理发师鲍勃会带着他的狗和萨米走同样方向的路线。实际上，他只有星期三才这么做。

邻居家的猫偶尔会很不礼貌地在属于萨米的草皮上漫步，卡蒂的那只黄褐色相间的猫布莱克有时也这么干，但她知道在星期二是不能这么干的。有趣的是，在除了星期二以外的日子里，当布莱克有机会欺负玻璃清洁工家的西班牙小猎狗时，它便喜欢过去散步。星期五是做这件事情的最佳时机。

猫和狗这样的幸福生活已经持续了三年，所以，也许应该作出一些改变了。萨米甚至在考虑以相反的方向在公园散步。当然如果它真的这么做，就不会经常遇见它的狗朋友或狗敌人了。所以它不确定是否真的要这么做，也许它会在每隔一个星期的星期二这么做。

问题：

1. 巴克沿哪个方向散步？

2. 理发师会在一周的哪一天出现在公园？

3. 布莱克是什么颜色的猫？

4. 西班牙小猎狗的主人是干什么工作的？

5. 卡蒂和汤姆是什么关系？

6. 哪些狗有时或经常以顺时针的方向在公园散步？

7. 在故事中提到了几个人的名字？

8. 在这个故事中，“密友”这个词用了几次？

9. 在故事中，那只猫在一周的哪一天不会去公园？

10. 五福是什么品种的狗？

11. 如果萨米以相反的方向在公园散步，那么他打算多久这样做一次？

12. 在故事中，有多少只兔子？

初级训练 3

数　谜

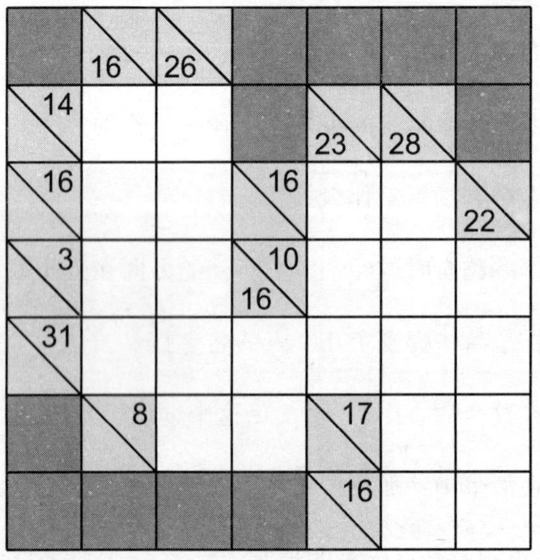

填写空格使连续方格中的数字加起来的总和等于方格上边或左边的数字。只能使用数字 1～9，并且同一数字不能出现在未被分割的同一行或一列（同一数字可以出现在不同区域的同一行或同一列）。对角线下面的数字是其下每一竖行的数字之和，对角线上面的数字是右边横行的数字之和。

不要盲目猜测，答案是唯一的。如果你不确定已经完全了解了规则，可以快速浏览一下答案，看看怎么做。

初级训练 4

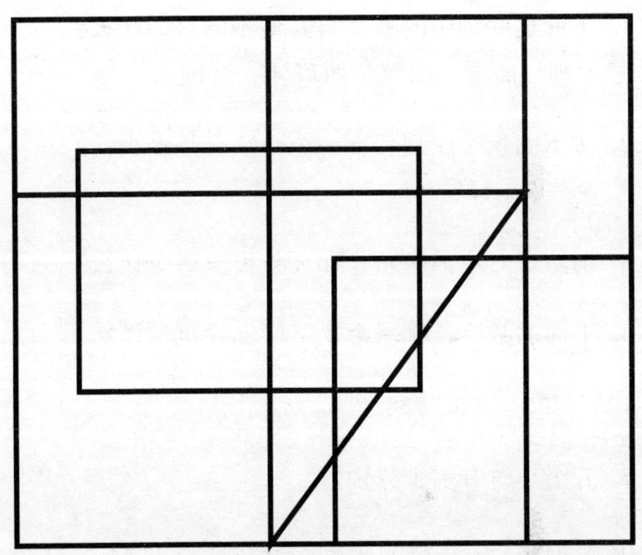

1. 图中有多少个明显的边角（┐ ┘ └ ┌）？

2. 你能数出多少个矩形？

3. 如果相邻的图形中不能涂同一种颜色，那么，你需要多少种不同的颜色来涂这个图？

4. 共有多少个“＋”字交叉点？

5. 共有多少个“T”字交叉点？

初级训练 5

1. 下面这些词中的哪个与其他不同，为什么？
意大利　法国　巴黎　西班牙　德国

2. 按下面这个序列，下一个数字会是多少？
7　9　11　13？

3. 消防车对应消防站，那么救护车对应什么？

4. 下面的数字，哪一个上下颠倒看也一样？

123　765　906　938

5. 五个小时有多少分钟？

6. 平时走 30 分钟的路程，我今天却花费了 45 分钟；我平时速度是每小时 45 英里，那么我今天的速度是多少？

7. 如果气温从 6 度升到 17 度，那么升高了多少度？

8. 完成下面的式子
12 ×2 =　96 －4 =　5 ×3 =

9. 一吨羽毛比一吨钢铁重，对吗？

10. 按照下面的模式，下一个字母是什么？
A　B　A　B　A

11. 完成下面的式子：

123 + 5 =　9 ÷ 3 =　27 − 12 =

12. 如果我按手机上面的数字“2”，按一次输出 A，按两次输出 B，按三次输出 C，那么我输出“CAB”，需要按几次“2”？

13. 下面的单词哪一个不是回文？（回文是正反读都一样的词）

Dad　Mum　Son　Bob

14. 有三个人去了无人的公园，但是有两个人离开了，那么公园里还剩几个人？

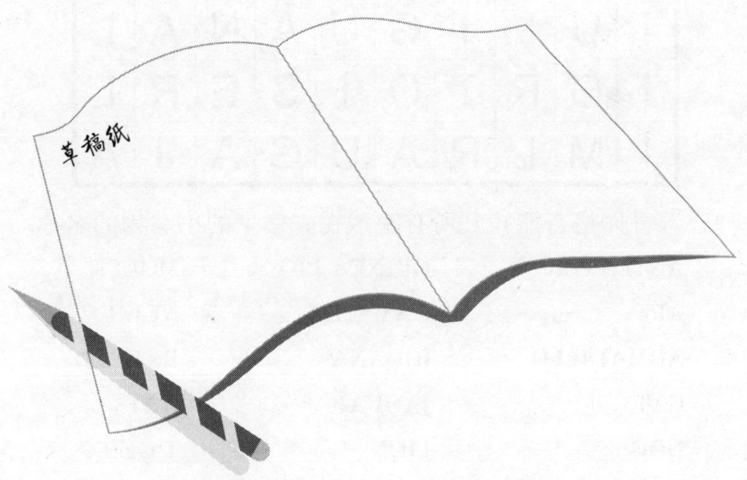

初级训练 6

H	A	M	S	T	E	R	Y	C	A
G	I	R	A	F	F	E	A	R	D
L	L	A	M	A	K	T	M	T	O
R	G	U	I	N	E	A	P	I	G
A	P	E	O	L	D	E	T	G	O
B	E	M	T	I	A	T	W	E	R
B	S	R	L	I	O	N	E	R	I
I	U	L	I	G	U	A	N	A	L
T	O	R	T	O	I	S	E	R	L
I	M	L	R	A	U	G	A	J	A

看看你是否能找到所有隐藏在方格里的小动物的名称。

ANTEATER	GUINEA PIG	MOUSE
APE	HAMSTER	NEWT
ARMADILLO	IGUANA	RABBIT
CAT	JAGUAR	RAT
DOG	LION	TIGER
GIRAFFE	LLAMA	TORTOISE
GORILLA	MONKEY	TURTLE

初级训练 7

数 回

<table>
<tr><td>3</td><td></td><td>2</td><td></td><td>3</td><td></td></tr>
<tr><td></td><td></td><td>1</td><td>0</td><td>2</td><td>1</td></tr>
<tr><td>3</td><td>2</td><td></td><td></td><td></td><td>2</td></tr>
<tr><td>3</td><td></td><td></td><td></td><td>2</td><td>3</td></tr>
<tr><td>2</td><td>2</td><td>2</td><td>2</td><td></td><td></td></tr>
<tr><td></td><td>2</td><td></td><td>1</td><td></td><td>3</td></tr>
</table>

通过连接纸上的点画一个封闭的环形，其中每个数字代表与之相邻的线段数，相邻的点可以直接用横线或竖线连接，但不能交叉或重叠。

> 不要盲目猜测，答案是唯一的。如果不确定你已经完全了解了规则，可以参考一下答案，看看怎么做。

初级训练8

数　独

	9	8	6					
7			3			1	2	
1								6
5	6			2	3	9		8
9	8		1		7		4	3
3		4	8	5			1	2
4								1
	2	7			1			5
					8	3	9	

它的规则非常简单：在3×3的格子当中填入1~9的数字，使1~9每个数字在每一行和每一列只出现一次。

不要盲目猜测，答案是唯一的。如果对解题规则还不确定，可以参考一下答案，看看怎么做。

初级训练 9

记忆力测试

用几分钟的时间记住这些水果的名称及它们所在方格的位置。然后翻到下一页，照原样填写空格。

Apple	Pear	Banana	Satsuma
Orange	Peach	Cherry	Grape
Lychee	Pineapple	Date	Raspberry
Strawberry	Pomegranate	Elderberry	Watermelon

初级训练 9

现在不要回看前一页，试着填写下面的表格。

	P	B	Satsuma
	P	C	
	P	D	
Strawberry	P	E	

初级训练 10

数　谜

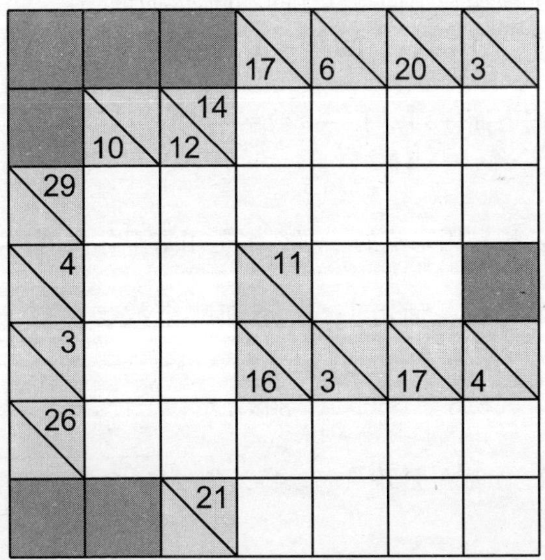

填写空格使连续方格中的数字加起来的总和等于方格上边或左边的数字。只能使用数字 1～9，并且同一数字不能出现在未被分割的同一行或一列（同一数字可以出现在不同区域的同一行或同一列）。对角线下面的数字是其下每一竖行的数字之和，对角线上面的数字是右边横行的数字之和。

不要盲目猜测，答案是唯一的。如果你不确定已经完全了解了规则，可以快速浏览一下答案，看看怎么做。

初级训练 11

1. 下面哪一个词与其他的不同，为什么？

Tool　　Heel　　Tale　　Keel

2. 按下面序列，下一个数字是多少？

19　　15　　11　　7　　？

3. 食物是用来吃的，那么水是用来干什么的？

4. 如果用一面镜子看，下面哪个数字和镜子里是一样的？

456　　656　　609　　808

5. 如果现在是下午 2:45，那么两个半小时之后是几点？

6. 如果鲍勃以每小时 70 英里的速度行驶 20 分钟，再以每小时 30 英里的速度行驶 5 分钟，再以每小时 70 英里的速度行驶 10 分钟，那么他的旅程共花了多长时间？

7. 铁在 1538 摄氏度时熔化，铜在 1085 摄氏度时熔化，硅在 1414 摄氏度时熔化，哪一个的熔化温度最低？

8. 完成下面的式子：

$5+5+5=$　　$9\times3=$　　$17-16=$

9. 如果我比我的朋友年轻5 岁，那么他就一定比我大5 岁，对吗？

10. 按照下面的模式，下一个字母是什么？

A C D A C D A C？

11. 完成下面的式子：

987 + 5 =　　45 − 42 =　　13 × 2 =

12. 如果我想把数字 5432670 输入到我的计算器里，我需要按多少次按钮？

13. 下面哪个单词拼写错了？

Uncle　　Aunt　　Son　　Dawter

14. 如果我买了两袋薯条扔了一袋，然后再买两袋，但只吃一袋，那么我还剩多少袋？

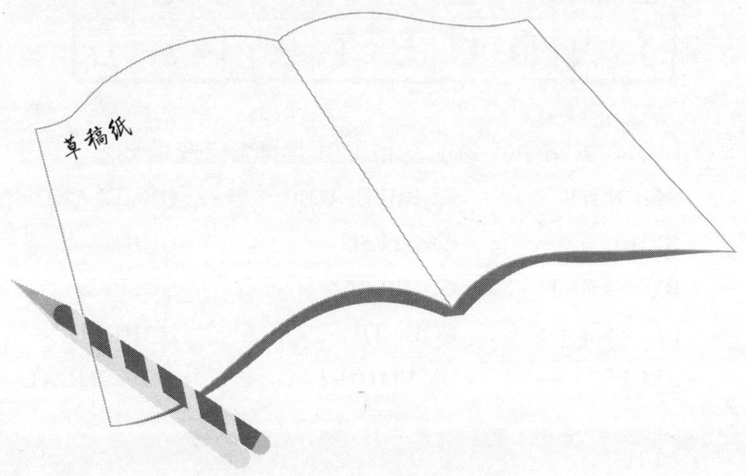

初级训练 12

D	B	L	U	E	G	R	A	S	S
I	U	A	C	A	L	Y	P	S	O
X	B	T	O	G	T	A	Y	E	H
I	B	E	O	O	N	P	R	U	A
E	L	M	L	S	E	O	T	L	R
L	E	H	J	P	I	B	N	B	D
A	G	T	A	E	B	E	U	L	B
N	U	A	Z	L	M	B	O	D	O
D	M	E	Z	A	A	Y	C	C	P
I	N	D	U	S	T	R	I	A	L

试着在方格中找到现在和历史上的流行音乐类型。

AMBIENT
BEBOP
BLUEBEAT
BLUEGRASS
BLUES
BUBBLEGUM
CALYPSO
COOLJAZZ
COUNTRY
DEATHMETAL
DIXIELAND
DUB
GOSPEL
HARDBOP
INDUSTRIAL

初级训练 13

数 独

		1	7		8	3	6	
	6	3	4		2		9	1
	8			6		4		
5		7						
	3	4				6	2	
						5		9
		6		3			5	
3	2		6		7	9	1	
	4	8	5		1	7		

规则非常简单：在 3 × 3 的格子当中填入 1 ~ 9 的数字，使 1 ~ 9 每个数字在每一行和每一列只出现一次。

不要盲目猜测，答案是唯一的。如果对解题规则还不确定，可以参考一下答案，看看怎么做。

初级训练 14

阅读下面的奇怪日记，不要回看文章，尽可能多地回答问题。做完后查看原文，完成剩下的问题。

天气寒冷时风从西北方向刮来，天气温暖时风从南面刮来。今天很冷，但是它依然从南面刮来，这很奇怪。这并不是我所期望看到的，我希望风向始终如一，但它不是。刮大风是一件令人苦恼的事，然而下雨更加令人讨厌。雨一直在下，当它不下时，我确信它只是在等待，等待再继续下。从上周开始，这雨就一直在下，或许从大上周就开始了。是的，雨是从大上周就开始下了；从两周前的星期二开始，这天气就再没晴过。这真的很好玩，当时我认为自己希望下雨，现在我不能确定是否希望下雨了。我预测天气从来就不准。天气就像一个我拼不好的单词，它游走在我意识的边缘；要是能想到天气的第一个字母，我敢确定我就能拼写出来。但我从没有成功过，这和我不会拼写是两码事。为什么我不能准确预测天气呢？如果我能准确预测，也许庄稼就能长得更好，我也会挣到更多的钱。很难说，也许这一切会发生。不管怎么说，那样我就不需要那么多补贴了，我不喜欢补贴。当然了，我的意思是我喜欢拥有补贴的钱，但我不喜欢自己需要补贴这件事。你知道我是什么意思。总之，我看电视里的天气预报，但是于事无益。他们知道什么？他们甚至不住在我们这个地方。我看到树随风摇曳，雨水流成小河，大风在夜间肆虐，又在黎明时消散。早上的时候天气总是很安静。它诱惑你走出屋子，就像用一大把糖果去引诱一匹马——这是一个骗局。它不会就这个趋势继续发展的，它只是把你带引到路上，然后开始敞开陷阱。它使水、风、闪电一同袭来——难道夏天真的很快就要到来了吗？这个冬天太长，夜晚太黑，白天太短。那风反复地袭来，击打着房子；就像一个拳击手在击打教堂顶上的气象标，而气象标飞快地旋转，发出刺耳的声音，使我夜不能寐。我应该装上双层玻璃，那样也许可以解决问题。可即使那样，我仍能听见谷仓的门发出巨大的响声。我应该把它也安排妥当。我不喜欢风，它总是从错误的方向刮来。

问题：

1. 今天风从哪个方向吹来？
2. 使我不能入睡的刺耳响声是什么？
3. 如果天气可以更好的预测出来，那么什么可以使我得到更多的钱？
4. 今天的风有什么奇怪？
5. 什么时候开始下雨的？
6. 在夜间，什么能让我觉得更安静？
7. 天气在一天中的什么时候有所改善？
8. 在文章中我喜欢把预测天气比作什么？
9. 如果我的庄稼长得更好，我将对什么的需要有所减少？
10. 我建议用什么去引诱一匹马？
11. 是什么在夜晚发出巨大的响声？
12. 天气暖和时，风通常从什么方向吹来？
13. 我在什么方面从来没有过真正的进展？
14. 我用过多少遍“风”这个字？

初级训练 15

数 回

2				3	
	2			1	1
2	2	2	0		2
2		0	1	1	2
2	3			2	
	2				3

通过连接纸上的点画一个封闭的环形，其中每个数字代表与之相邻的线段数，相邻的点可以直接用横线或竖线连接，但不能交叉或重叠。

> 不要盲目猜测，答案是唯一的。如果不确定你已经完全了解了规则，可以参考一下答案，看看怎么做。

初级训练 16

数　谜

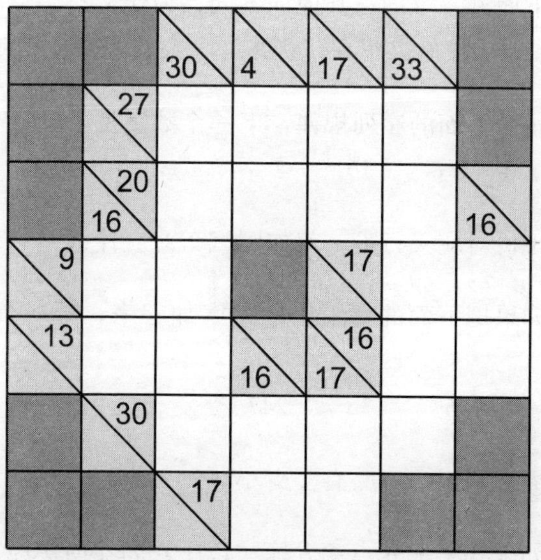

填写空格使连续方格中的数字加起来的总和等于方格上边或左边的数字。只能使用数字 1 ~9，并且同一数字不能出现在未被分割的同一行或一列（同一数字可以出现在不同区域的同一行或同一列）。对角线下面的数字是其下每一竖行的数字之和，对角线上面的数字是右边横行的数字之和。

不要盲目猜测，答案是唯一的。如果你不确定已经完全了解了规则，可以快速浏览一下答案，看看怎么做。

初级训练 17

1. 下面哪一个词与其他词不同，为什么？

火车　　长途客车　　货车　　公交车　　出租车

2. 按照下面的序列规律，下一个数字是多少？

2　　4　　8　　16　　?

3. 飞机对应飞行员，就如同汽车对应什么？

4. 如果把下面的每组中的数字加起来，哪一个的结果会是9？

123　　456　　135　　247

5. 周末两天中一共有多少小时？

6. 如果我早上8点离开家，以平均每小时10英里的速度开车行进了10英里到单位，那么我到单位是几点？

7. 两天前的气温是13度，昨天气温升高了6度，今天下降了3度，那么今天的气温是多少度？

8. 完成下面的式子：

$2+3-1=$　　$99\times2=$　　$30+45=$

9. 如果我比大卫高2英尺，大卫比山姆矮5英尺，那么山姆比我高3英尺，对吗？

10. 按照下面的规律，下一个字母是什么？

A　B　A　C　A　D　A

11. 完成下面的算式：

$30 \div 10 =$　　$50 \div 5 =$　　$25 \times 3 =$

12. 把号码锁向右旋转 5 圈，向左旋转 3 圈，再向右旋转 22 圈，再向左旋转 4 圈，那么现在的位置相对于最初的位置旋转了多少圈？

13. 下面的单词哪一个是回文？（回文是正反读都一样的词语）

Moo　　Toot　　Food　　Tool

14. 如果风车平常每小时旋转 5 圈，多风天气的旋转圈数是平常的 2 倍，那么在一个多风的天气中旋转 2 小时，它将旋转多少圈？

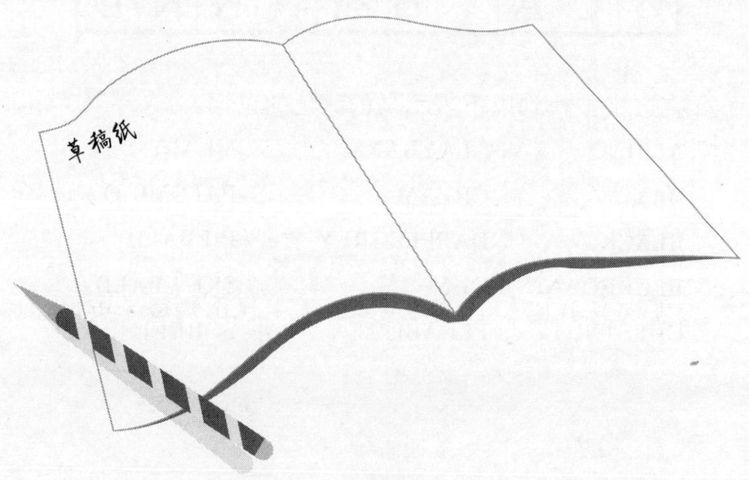

初级训练 18

Y	E	G	A	C	R	E	A	M	E
N	E	T	T	I	B	A	E	L	F
S	O	R	R	E	L	M	N	B	Y
O	R	R	G	D	M	E	A	L	Y
E	N	C	H	E	S	T	N	U	T
O	N	I	M	O	L	A	P	E	T
D	L	A	B	E	I	P	I	R	L
B	K	C	A	L	B	Y	P	O	N
S	K	E	W	B	A	L	D	A	U
C	L	A	Y	B	A	N	K	N	D

在方格中找到以下表示马的颜色的单词。

ALBINO	CLAYBANK	MEALY
BAY	CREAM	PALOMINO
BLACK	DAPPLEGREY	PIEBALD
BLUEROAN	DUN	SKEWBALD
CHESTNUT	FLEABITTEN	SORREL

初级训练 19

记忆力测验

尝试记住这些蔬菜在方格中的位置，你需要在下一页按照同样的位置把它们放回原处。现在用几分钟记一下它们的位置吧。

Horseradish	Maris Piper Potato	Cucumber	Asparagus
Endive	Estima Potato	Radish	Carrot
Leek	Parsnip	Spinach	Cauliflower
Pea	Lettuce	Broccoli	Corn on the cob

初级训练 19

现在，看看你是否能回忆起这些蔬菜的位置。

H	M		
E	E		C
L			C
P			C

初级训练 20

数 独

3	2			5	9		1	7
8	5	7		1	2			
	1		3				8	
5	4					7		
2								9
		6					3	8
	8				4		6	
			5	9		8	7	2
9	3		7	8			4	1

规则非常简单：在 3×3 的格子当中填入 1～9 的数字，使 1～9 每个数字在每一行和每一列只出现一次。

不要盲目猜测，答案是唯一的。如果你不确定已经完全了解了规则，可以快速浏览一下答案，看看怎么做。

初级训练 21

1. 下面哪个词与其他词不同，为什么？

绿色　　蓝色　　红色　　橘黄色　　黑色

2. 按照下面的规律，下一个数字是多少？

11　　22　　33　　44　　55　　？

3. 如果“聪明的”对应“笨的”，那么“打开”对应什么？

4. 如果我把数字 35，478，353 中的每个数字以从后向前的顺序写下来，那么下面哪一个是正确的？

35，387，435　　35，347，835　　35，353，874　　35，387，453

5. 把下面的时间换成 24 小时制的形式：

1:23pm　　5:30am　　Midnight　　8:30pm　　10am

6. 我的朋友西蒙每天都沿着一个周长 6 英里的场地跑步，每跑一圈花 1 个小时，那么他的正常速度是多少？

7. 如果伦敦现在的气温是 17 度，爱丁堡是 12 度，那么伦敦的气温比爱丁堡的气温高多少度？

8. 完成下面的式子：

99 + 99 = ?　　99 − 97 = ?　　99 ÷ 99 = ?

9. 如果伦敦公园有 5 只猴子，温莎公园有 3 只猴子，那么两个公园一共有 8 只猴子，对吗？

10. 按照下面的规律，下一个字母是什么？

A　B　A　B　C　A　B　C　D　A？

11. 完成下面的式子：

1 + 2 + 3 = ?　　40 + 51 = ?　　90 + 55 = ?

12. 如果我需要两把钥匙打开我的前门，但只需要一把便可以打开我的后门，且假设刚开始的时候两扇门都是锁上的，而且每把钥匙要拧两圈才能开启或关闭一扇门，那么要把两扇门都打开再锁上，一共需要把钥匙拧上几圈？

13. 下面哪些单词只有一个元音？

Monkey　　Chimp　　Ape　　Pie　　Trip

14. 如果我要把两个棚子刷成绿色，把三个棚子刷成蓝色，把四个棚子刷成黄色，每个棚子用两罐颜料，那么总共需要多少罐颜料？

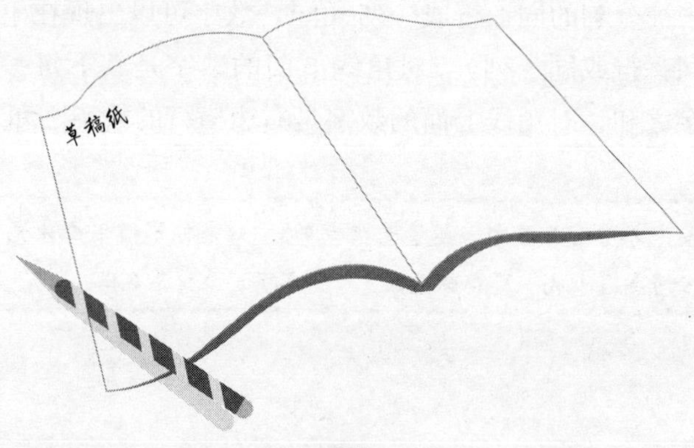

初级训练 22

数 谜

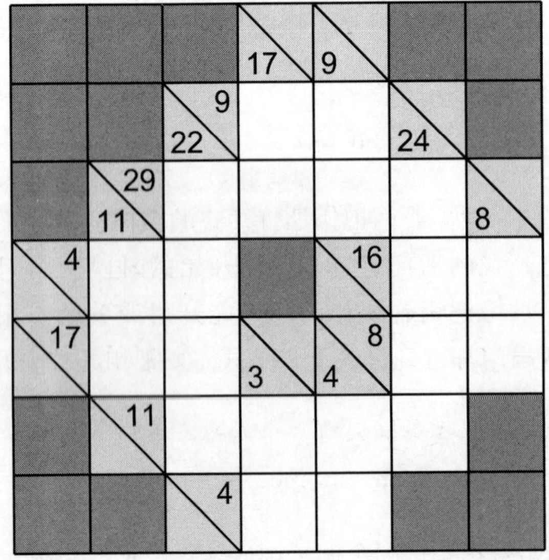

填写空格使连续方格中的数字加起来的总和等于方格上边或左边的数字。只能使用数字 1 ~9，并且同一数字不能出现在未被分割的同一行或一列（同一数字可以出现在不同区域的同一行或同一列）。对角线下面的数字是其下每一竖行的数字之和，对角线上面的数字是右边横行的数字之和。

不要盲目猜测，答案是唯一的。如果你不确定已经完全了解了规则，可以快速浏览一下答案，看看怎么做。

初级训练 23

数 墙

					4
	1				
			3		
		2			
2			1		2

将方格内的部分小正方格涂黑，有数字的正方形不得涂黑，每个数字代表该数字四周白色方格的数目，空白方格不能互相连成一条水平的或垂直的线，涂黑的方格必须组成一片连续不断的区域，并且黑色方格不能形成 2×2 的正方形。

> 不要盲目猜测，答案是唯一的。如果你不确定已经完全了解了规则，可以快速浏览一下答案，看看怎么做。

初级训练 24

C	I	O	Z	O	E	A	L	A	P	E	E
Z	L	O	L	N	A	I	N	O	V	E	D
P	R	E	C	A	M	B	R	I	A	N	C
N	A	I	R	U	L	I	S	A	I	E	I
O	E	N	E	C	O	L	O	H	U	C	S
Q	U	A	T	E	R	N	A	R	Y	O	S
P	A	L	A	E	O	C	E	N	E	T	A
N	A	I	C	I	V	O	D	R	O	S	I
A	E	N	E	C	O	G	I	L	O	I	R
N	I	L	O	Y	R	A	I	T	R	E	T
C	U	E	U	N	O	L	N	C	N	L	I
O	C	I	S	S	A	R	U	J	O	P	V

看看你能不能找到藏在格子中的地质学的术语。

CRETACEOUS　ORDOVICIAN　QUATERNARY

DEVONIAN　PALAEOCENE　SILURIAN

HOLOCENE　PALAEOZOIC　TERTIARY

JURASSIC　PLEISTOCENE　TRIASSIC

OLIGOCENE　PRECAMBRIAN

初级训练 25

记忆力测试

我在盒子里放了 16 种饼干，看看你能不能记住它们现在的位置，然后把它们放到下一页相同的盒子中（不要忘记盖上盖子，要不然它们会变软的）。

Flapjack	Digestive	Pretzel	Shortcake
Cracker	Bourbon	Matzo	Macaroon
Garibaldi	Wafer	Crispbread	Jaffa cake
Ginger nut	Rich tea	Shortbread	Oatcake

初级训练 25

现在试着把饼干放回原处。

Flapjack			
	Bourbon		
		Crispbread	
			Oatcake

初级训练 26

数 独

	1		7		2	5	8	
3		7		1		9		6
	5				6			
1					3	7		4
	9	2				3	1	
6		4	1					8
			4				5	
9		3		6		8		7
	6	1	2		8		3	

它的规则非常简单：在3×3的格子当中填入1~9的数字，使1~9每个数字在每一行和每一列只出现一次。

不要盲目猜测，答案是唯一的。如果对解题规则还不确定，可以参考一下答案，看看怎么做。

初级训练 27

数 回

		1		2	
1		1	2	3	2
2	3	1		1	
	3		2	1	2
2	3	1	3		2
	2		2		

通过连接纸上的点画一个封闭的环形，其中每个数字代表与之相邻的线段数，相邻的点可以直接用横线或竖线连接，但不能交叉或重叠。

> 不要盲目猜测，答案是唯一的。如果不确定你已经完全了解了规则，可以参考一下答案，看看怎么做。

初级训练 28

A	U	S	T	R	A	L	O	R	P	N	V
E	L	L	O	R	E	V	A	F	L	E	G
T	E	A	R	D	O	R	N	G	Y	W	E
T	G	X	P	O	A	H	D	T	M	H	G
O	H	E	I	R	A	G	A	W	O	A	B
D	O	S	N	K	H	R	L	M	U	M	A
N	R	S	G	I	A	U	U	I	T	P	N
A	N	U	T	N	P	B	S	N	H	S	T
Y	M	S	O	G	N	M	I	O	R	H	A
W	S	C	N	A	I	A	A	R	O	I	M
N	N	A	D	U	O	H	N	C	C	R	O
A	A	S	U	M	A	T	R	A	K	E	E

下面是各种各样的鸡的名称，看你能否在格子中找到它们。

ANCONA
ANDALUSIAN
AUSTRALORP
BANTAM
CAMPINE
DORKING
FAVEROLLE
HAMBURG
HOUDAN
LEGHORN
MINORCA
NEW HAMPSHIRE
ORPINGTON
PLYMOUTH ROCK
SUMATRA
SUSSEX
WYANDOTTE

初级训练 29

数 谜

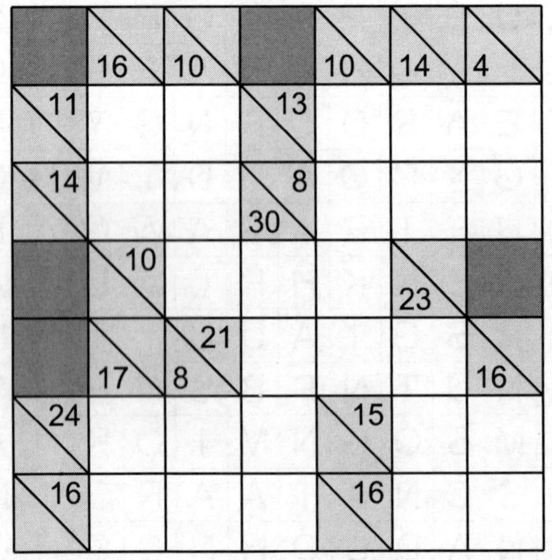

填写空格使连续方格中的数字加起来的总和等于方格上边或左边的数字。只能使用数字1～9，并且同一数字不能出现在未被分割的同一行或一列（同一数字可以出现在不同区域的同一行或同一列）。对角线下面的数字是其下每一竖行的数字之和，对角线上面的数字是右边横行的数字之和。

不要盲目猜测，答案是唯一的。如果你不确定已经完全了解了规则，可以快速浏览一下答案，看看怎么做。

初级训练 30

1. 下面哪一个词与其他词不同？

阿根廷　奥地利　厄瓜多尔　墨西哥　加拿大

2. 按这个顺序，下一个数字会是多少？

1　22　333　4444　？

3. “Live ”和“Evil” 这两个单词的组成顺序就如同“Dog”和什么？

4. 如果把这些数字上下颠倒过来看，哪一个和原来一样？

99　66　696　888

5. 如果我约会迟到了 40 分钟，到达的时间是下午 3:30，那么，我原本约会的时间是几点？

6. 平时我早上 8:00 出门，花 20 分钟到达市区；星期六我也去市区，但比平时晚两个半小时出门，那么，我几点能到达市区？

7. 今天的气温是 70 华氏度，但是天气预报说今天白天会升温 11 华氏度，晚上会下降 18 华氏度，那么晚上的气温是多少华氏度？

8. 完成下面的算式：

$10 \times 10 = ?$　　$100 \times 100 = ?$　　$5 \times 50 = ?$

9. 判断对错：如果我的工资是 100 英磅，我把其中的 25% 捐给慈善机构，我只剩 25 英磅。

10. 按照下面的模式，下一个字母是什么？

A　E　I　O？

11. 完成下面的算式：

5 + 5 = ?　　5 + 55 = ?　　5 + 555 = ?

12. 如果按一下手机上的“4”键，选择的是“G”，按两下选择的是“H”，按三下选的是“I”，我需要按几下“4”键才能打出“GIG”？

13. 下面哪一对不是同音词？（同音词是指听起来一样但拼法不一样的词）

Steak 和 Stake　　Mousse 和 Moose　　Mouse 和 Mice

14. 如果一天相当于一周，那么一年 365 天是多少周？

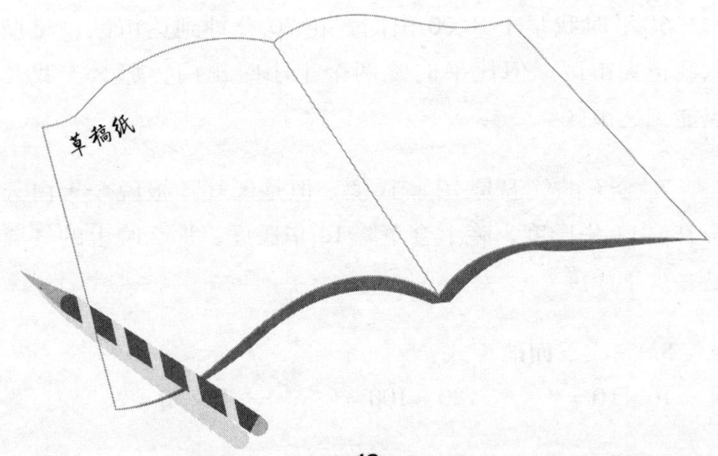

初级训练答案

初级训练 1 答案

6	9	5	2	8	1	3	4	7
4	1	2	7	9	3	5	8	6
8	7	3	4	5	6	1	9	2
7	2	6	5	4	8	9	3	1
9	3	4	6	1	7	2	5	8
1	5	8	9	3	2	6	7	4
3	4	1	8	6	9	7	2	5
2	8	9	1	7	5	4	6	3
5	6	7	3	2	4	8	1	9

初级训练 2 答案

1. 逆时针方向。

2. 星期二和星期三。

3. 黄褐色相间的。

4. 玻璃清洁工。

5. 兄妹关系（汤姆是卡蒂的哥哥）。

6. 萨米和五福。

7. 3 个。

8. 只用了一次。

9. 星期二。

10. 金色猎犬。

11. 每隔一周的星期二。

12. 根本没有。

初级训练 3 答案

	16\	26\				
\14	6	8		23\	28\	
\16	7	9	\16	9	7	22\
\3	1	2	16\10	6	3	1
\31	2	6	9	8	1	5
	\8	1	7	\17	8	9
				\16	9	7

初级训练 4 答案

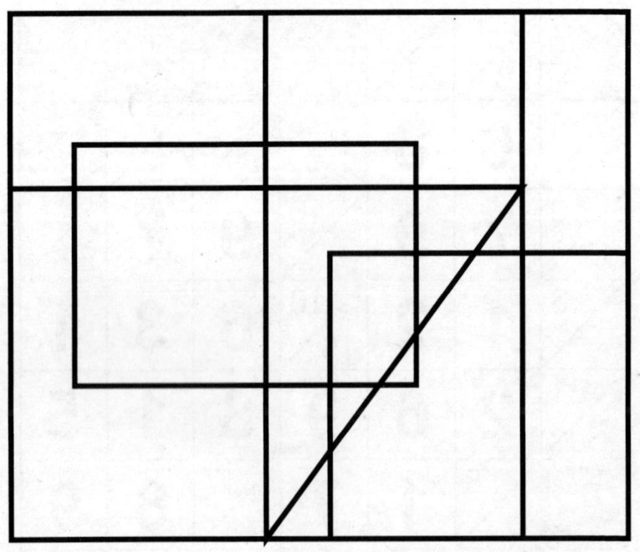

1. 9 个。
2. 至少 26 个。
3. 3 种。
4. 8 个。
5. 8 个。

初级训练 5 答案

1. 巴黎，只有它不是国家的名称。

2. 15。

3. 医院。

4. 906。

5. 300 分钟。

6. 每小时 30 英里。

7. 11 度。

8. $12 \times 2 = 24 \quad 96 - 4 = 92 \quad 5 \times 3 = 15$

9. 不对，因为它们都是一吨。

10. B。

11. $123 + 5 = 128 \quad 9 \div 3 = 3 \quad 27 - 12 = 15$

12. 6 次。

13. Son。

14. 一个。

初级训练 6 答案

H A M S T E R Y C A
G I R A F F E A R D
L L A M A K T M T O
R G U I N E A P I G
A P E O L D E T G O
B E M T I A T W E R
B S R L I O N E R I
I U L I G U A N A L
T O R T O I S E R L
I M L R A U G A J A

初级训练 7 答案

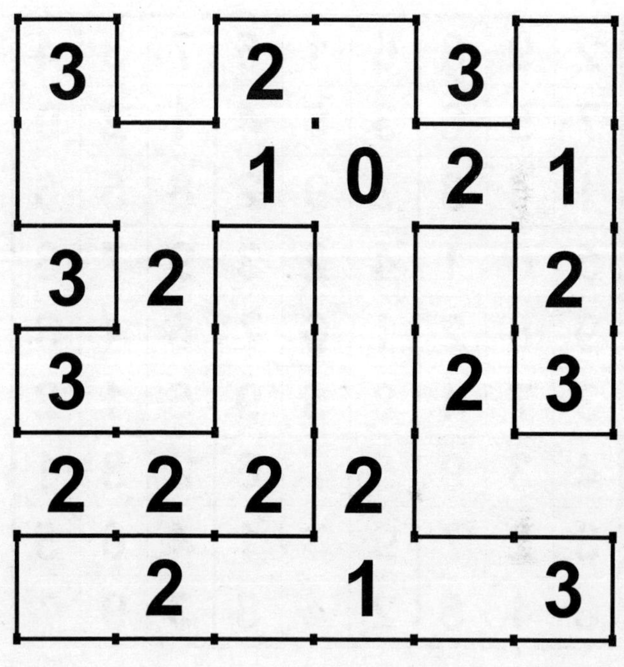

初级训练 8 答案

2	9	8	6	1	5	7	3	4
7	5	6	3	8	4	1	2	9
1	4	3	7	9	2	8	5	6
5	6	1	4	2	3	9	7	8
9	8	2	1	6	7	5	4	3
3	7	4	8	5	9	6	1	2
4	3	9	5	7	6	2	8	1
8	2	7	9	3	1	4	6	5
6	1	5	2	4	8	3	9	7

初级训练10答案

			17\	6\	20\	3\
	10\	12\14	8	1	3	2
\29	2	6	9	3	8	1
\4	3	1	\11	2	9	
\3	1	2	16\	3\	17\	4\
\26	4	3	7	2	9	1
		\21	9	1	8	3

初级训练 11 答案

1. Tale，它是唯一一个中间没有两个相同字母的单词。

2. 3。

3. 喝的。

4. 808。

5. 下午 5:15。

6. 花了 35 分钟，速度不重要。

7. 铜。

8. 5 +5 +5 =15　　9 ×3 =27　　17 -16 =1

9. 对。

10. D。

11. 987 +5 =992　　45 -42 =3　　13 ×2 =26

12. 7 次。

13. Dawter（应该是 Daughter）

14. 2 袋。

初级训练 12 答案

D	B	L	U	E	G	R	A	S	S
I	U	A	C	A	L	Y	P	S	O
X	B	T	O	G	T	A	Y	E	H
I	B	E	O	O	N	P	R	U	A
E	L	M	L	S	E	O	T	L	R
L	E	H	J	P	I	B	N	B	D
A	G	T	A	E	B	E	U	L	B
N	U	A	Z	L	M	B	O	D	O
D	M	E	Z	A	A	Y	C	C	P
I	N	D	U	S	T	R	I	A	L

初级训练13答案

4	5	1	7	9	8	3	6	2
7	6	3	4	5	2	8	9	1
2	8	9	1	6	3	4	7	5
5	9	7	2	8	6	1	4	3
8	3	4	9	1	5	6	2	7
6	1	2	3	7	4	5	8	9
1	7	6	8	3	9	2	5	4
3	2	5	6	4	7	9	1	8
9	4	8	5	2	1	7	3	6

初级训练 14 答案

1. 风从南面吹来。

2. 气象标。

3. 我的庄稼。

4. 风总是从西北方向吹过来，而不是从南面。

5. 两周前的星期二。

6. 双层玻璃。

7. 早晨。

8. 拼写。

9. 补贴。

10. 糖果。

11. 谷仓的门。

12. 从南面。

13. 预测天气。

14. 9 遍。

初级训练15答案

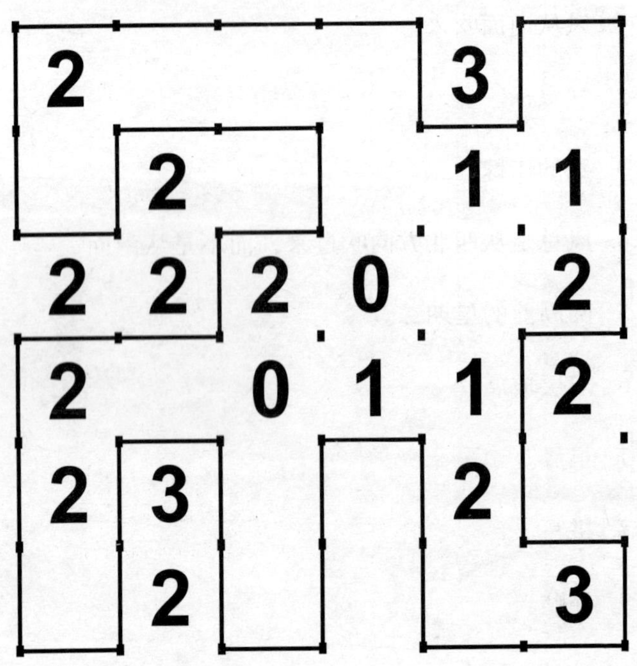

初级训练16答案

■	■	30\	4\	17\	33\	■
■	\27	9	3	8	7	■
■	16\20	7	1	9	3	16\
\9	7	2	■	\17	8	9
\13	9	4	16\	17\16	9	7
■	\30	8	7	9	6	■
■	■	\17	9	8	■	■

初级训练 17 答案

1. 货车，因为它是唯一一个不属于公共交通工具的词。

2. 32。

3. 司机。

4. 135。

5. 48 小时。

6. 上午 9 点。

7. 16 度。

8. $2+3-1=4$　　$99\times 2=198$　　$30+45=75$

9. 对。

10. E。

11. $30\div 10=3$　　$50\div 5=10$　　$25\times 3=75$

12. 20 圈。

13. Toot。

14. 20 圈。

初级训练18答案

Y	E	G	A	C	R	E	A	M	E
N	E	T	T	I	B	A	E	L	F
S	O	R	R	E	L	M	N	B	Y
O	R	R	G	D	M	E	A	L	Y
E	N	C	H	E	S	T	N	U	T
O	N	I	M	O	L	A	P	E	T
D	L	A	B	E	I	P	I	R	L
B	K	C	A	L	B	Y	P	O	N
S	K	E	W	B	A	L	D	A	U
C	L	A	Y	B	A	N	K	N	D

初级训练 20 答案

3	2	4	8	5	9	6	1	7
8	5	7	6	1	2	3	9	4
6	1	9	3	4	7	2	8	5
5	4	8	9	3	1	7	2	6
2	7	3	4	6	8	1	5	9
1	9	6	2	7	5	4	3	8
7	8	5	1	2	4	9	6	3
4	6	1	5	9	3	8	7	2
9	3	2	7	8	6	5	4	1

初级训练 21 答案

1. 黑色，因为只有它不是彩虹的颜色。

2. 55。每个数字加上 11。

3. 关闭。

4. 35，387，453。

5. 13:23　　05:30　　00:00　　20:30　　10:00

6. 每小时 6 英里。

7. 5 度。

8. $99+99=198$　　$99-97=2$　　$99\div99=1$

9. 对。

10. B。

11. $1+2+3=6$　　$40+51=91$　　$90+55=145$

12. 12 圈。

13. 2 个。Chimp 和 Trip。

14. 18 罐。

初级训练 22 答案

			17\	9\		
		22\9	8	1	24\	
	11\29	7	9	8	5	8\
\4	3	1		\16	9	7
\17	8	9	3\	4\8	7	1
	\11	5	2	1	3	
		\4	1	3		

初级训练 23 答案

					4
	1				
			3		
		2			
2			1		2

初级训练 24 答案

C I O Z O E A L A P E E
Z L O L N A I N O V E D
P R E C A M B R I A N C
N A I R U L I S A I E I
O E N E C O L O H U C S
Q U A T E R N A R Y O S
P A L A E O C E N E T A
N A I C I V O D R O S I
A E N E C O G I L O I R
N I L O Y R A I T R E T
C U E U N O L N C N L I
O C I S S A R U J O P V

初级训练26答案

4	1	6	7	9	2	5	8	3
3	2	7	8	1	5	9	4	6
8	5	9	3	4	6	1	7	2
1	8	5	9	2	3	7	6	4
7	9	2	6	8	4	3	1	5
6	3	4	1	5	7	2	9	8
2	7	8	4	3	9	6	5	1
9	4	3	5	6	1	8	2	7
5	6	1	2	7	8	4	3	9

初级训练 27 答案

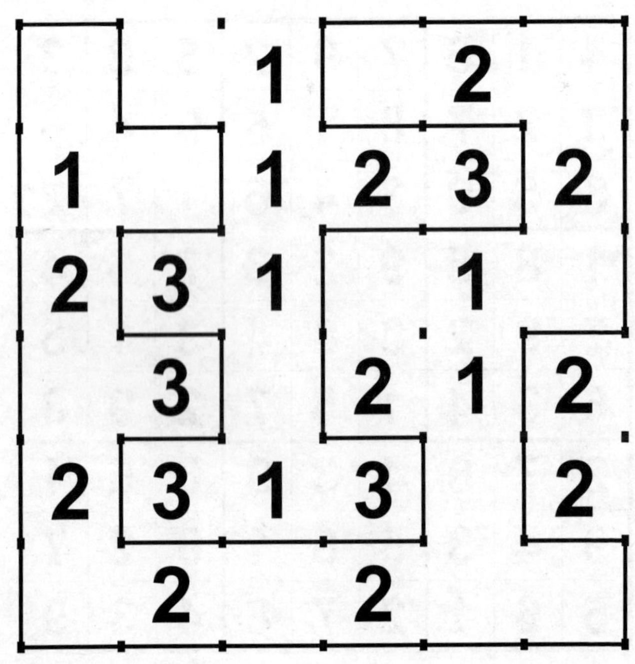

初级训练 28 答案

A U S T R A L O R P N V
E L L O R E V A F L E G
T E A R D O R N G Y W E
T G X P O A H D T M H G
O H E I R A G A W O A B
D O S N K H R L M U M A
N R S G I A U U I T P N
A N U T N P B S N H S T
Y M S O G N M I O R H A
W S C N A I A A R O I M
N N A D U O H N C C R O
A A S U M A T R A K E E

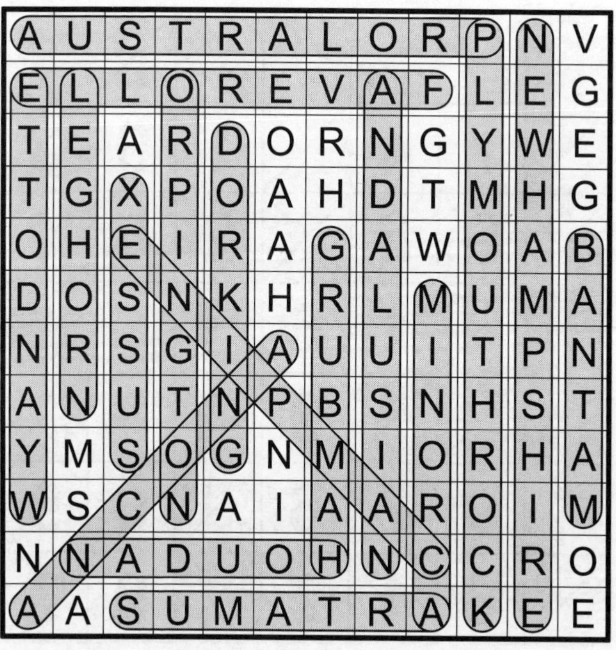

初级训练 29 答案

	16\	10\		10\	14\	4\
\11	7	4	\13	1	9	3
\14	9	5	30\8	2	5	1
	\10	1	6	3	23\	
	17\	8\21	9	4	8	16\
\24	9	7	8	\15	6	9
\16	8	1	7	\16	9	7

初级训练 30 答案

1. 阿根廷——它是这几个词中唯一一个不在美洲大陆上的国家。

2. 55555。

3. God。(把字母反过来)

4. 888。

5. 下午 2:50。

6. 上午 10:50。

7. 63 华氏度。

8. $10\times10=100$　　$100\times100=10000$　　$5\times50=250$

9. 错，我现在还剩 75 英磅。

10. U，因为都是元音。

11. $5+5=10$　　$5+55=60$　　$5+555=560$

12. 5 下。

13. Mouse 和 Mice。

14. 365 周。

中级训练

中级训练 31

数 独

9			8	2	7			
1	7							4
	6	2						
7		3	6	4		9		
8				5				2
		6		9	8	1		7
						5	2	
4							9	6
			5	8	6			3

规则非常简单：在 3×3 的格子当中填入 1～9 的数字，使 1～9 每个数字在每一行和每一列只出现一次。

不要盲目猜测，答案是唯一的。如果对解题规则还不确定，可以参考一下答案，看看怎么做。

中级训练 32

阅读这篇有关音乐的童年往事，看一遍后尽可能多地回答后面的问题；回答完问题再回过头来看文章，把没有答出的问题补充完整。

我六岁的时候第一次触碰钢琴的白色琴键时，根本弹不出调。当然，六岁的我小手脏脏的，所有的白色琴键在我的手下很快变黑了，但没有黑色琴键那么黑。我不是很懂钢琴，弹出的声音很好笑，就像我姐姐试着拉小提琴一样。我说试着拉，实际上我们几个和她相比，更是在“尝试”。我现在知道了黑键上的专业术语，我最喜欢 F 大调，也很喜欢 B 大调。要知道，这两个大调学起来快一点，黑色琴键也用得少，真是一种享受。

小号。尽管小号的声音通常很高，但也很不错。我姐姐不喜欢小号。我试着吹过长笛，但嘴唇的位置总是摆不对。我姐姐认为我保持安静就是一种进步。我不太喜欢姐姐。她上长号课时几乎从没安静过，不过她很快就不学了，这很出人意料。

鼓。打鼓时很少跑调，但我根本不可能有机会打鼓，因为学校的乐队不需要那么多鼓。很遗憾，虽然我在打鼓方面有天赋，但我的父母都不同意我的想法，他们和我姐姐站一边，这一点也不意外。

我想学电吉它，但是找不到人教我。他们说我一次只能学四种乐器，他们知道什么呀？我本来可能是个天才，是现代的肖邦，只是吉他不行罢了。所以我坚持学钢琴，那些黑色琴键更友好了，白色琴键更肮脏了。不幸的是调琴师说我的钢琴音不准了，它的声音还没有姐姐的大提琴好听（她现在已经放弃其他乐器了）。这说明了一些事情。所以我还是决定坚持弹白色琴键，它们大部分都不跑调。

问题：

1. 在什么乐器上我的嘴唇总是摆不对位置？

2. 我姐姐在学大提琴之前学的是哪两样乐器？

3. 我最喜欢的音调是什么？

4. 我被告知一次最多可以学多少种乐器？

5. 我姐姐认为什么乐器对于我来说声音太大了？

6. 我第一次弹钢琴的时候是几岁？

7. 我认为学什么乐器时，与姐姐相比，我更是在“尝试”？

8. 我对哪种乐器有天赋？

9. 为什么我不能学电吉它？

10. 最终我为什么放弃了弹黑色琴键？

11. 是什么原因使我放弃了打鼓？

12. 什么样的音阶学得更快？

中级训练 33

数谜

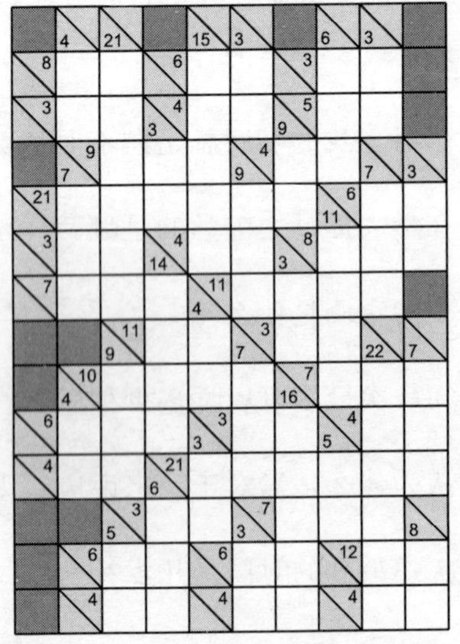

填写空格使连续方格中的数字加起来的总和等于方格上边或左边的数字。只能使用数字 1 ~ 9，并且同一数字不能出现在未被分割的同一行或一列（同一数字可以出现在不同区域的同一行或同一列）。对角线下面的数字是其下每一竖行的数字之和，对角线上面的数字是右边横行的数字之和。

不要盲目猜测，答案是唯一的。如果你不确定已经完全了解了规则，可以快速浏览一下答案，看看怎么做。

中级训练 34

试着回答这些问题，不要在纸上做标记（答完后再在纸上做标记核对你的答案）：

1. 在图中，你能数出多少个圆圈？
2. 圆与圆一共有多少个交叉点？
3. 相互的交叉把图形分成了多少个独立的区域？
4. 图里有几种不同尺寸的圆圈？

中级训练 35

1. 下面哪一个词是与其他的不同，为什么？

猴子　　松鼠　　狗　　豚鼠　　猫

2. 按照下列顺序，接下来的数字是什么？

1　　2　　3　　5　　8　　？

3. 有一块蛋糕，我吃了一半，然后把剩余蛋糕的一半分给我的朋友，那么蛋糕还剩下多少呢？

4. 假如我写了一个数字：两千六百四十万零二十六，那么用阿拉伯数字表示是下面的哪一个？

26400026　　264026　　26426000　　260420026

5. 一小时有多少秒？

6. 假如我以每小时 3 英里的速度走了 50 分钟，请问我走了多远？

7. 水的沸点是 100 摄氏度，碘酒的沸点是 184 摄氏度，请问碘酒的沸点比水的沸点高多少摄氏度？

8. 完成下列运算：

26 + ？ = 50　　45 × ？ = 90　　？ + 33 = 66

9. 如果抽屉中有三双黑袜子和三双白袜子，请问我要至少拿出多少只袜子才能确保拿出来的是一双袜子？

10. 按照下面的规律，接下来的字母是什么？

Z　X　Y　W　X　V　W　？

11. 完成下列运算：

25% ×100 = ?　　15% ×100 = ?　　80 ×75% = ?

12. 如果每隔一米设一个篱笆桩，篱笆共长 5 米，请问一共有多少个篱笆桩？

13. 下列单词中，有几个单词只有一个辅音字母？

Ape　　Pie　　Dog　　Kid

14. 假如我有 2.5 品脱牛奶，周二我用 0.5 品脱制作烤饼，周三我又买了 2 品脱，其中的四分之一用来做了几杯奶茶，请问我做完烤饼和奶茶后还剩多少牛奶？

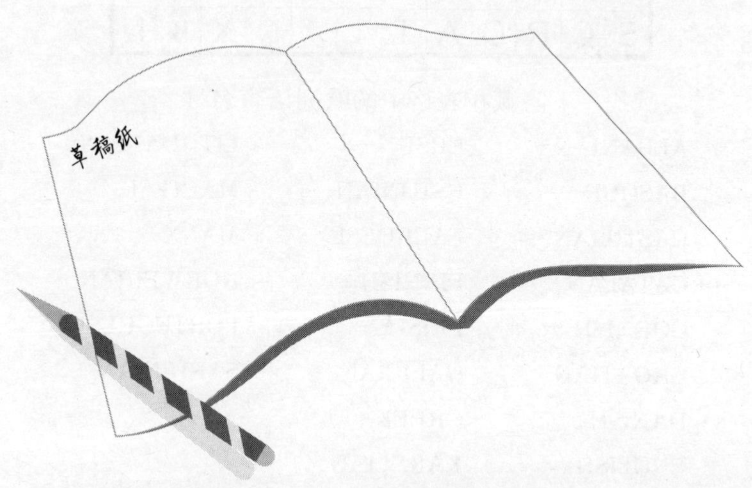

中级训练 36

B	N	O	R	W	E	G	I	A	N	C	W
N	U	F	R	I	S	I	A	N	A	O	E
F	A	E	R	O	E	S	E	A	I	R	R
N	A	I	N	A	U	H	T	I	L	N	S
A	E	M	L	F	G	E	N	C	E	I	E
I	N	A	D	I	U	U	A	I	R	S	S
N	A	L	A	N	T	Q	I	L	A	H	T
I	L	T	N	N	R	S	N	A	K	G	O
D	A	E	I	I	O	A	A	G	M	R	N
R	T	S	S	S	P	B	B	C	A	E	I
A	A	E	H	H	S	I	L	G	N	E	A
S	C	R	O	A	T	I	A	N	X	K	N

尝试找一下隐藏在表格中的欧洲语言名称。

ALBANIAN	ERSE	LITHUANIAN
BASQUE	ESTONIAN	MALTESE
CASTILIAN	FAEROESE	MANX
CATALAN	FINNISH	NORWEGIAN
CORNISH	FRISIAN	PORTUGUESE
CROATIAN	GALICIAN	SARDINIAN
DANISH	GREEK	
ENGLISH	KARELIAN	

中级训练 37

数 回

	1	2	1		1		
3				0		1	3
2	1			1	0		3
		2	1	1		1	
	1		2	3	1		
3		2	2			1	1
3	1		3				2
		2		3	2	3	

通过连接纸上的点画一个封闭的环形，其中每个数字代表与之相邻的线段数。相邻的点可以直接用横线或竖线连接，但不能交叉或重叠。

> 不要盲目猜测，答案是唯一的。如果不确定你已经完全了解了规则，可以参考一下答案，看看怎么做。

中级训练 38

数 独

				7	1	3		
	7	3		4	6			
9			2				5	
3			8				1	
	1	5				7	9	
	2				5			3
	8				9			4
			1	6		9	2	
		4	7	8				

规则非常简单：在 3 ×3 的格子当中填入 1 ~9 的数字，使 1 ~9 每个数字在每一行和每一列只出现一次。

不要盲目猜测，答案是唯一的。如果对解题规则还不确定，可以参考一下答案，看看怎么做。

中级训练 39

记忆测试

在格子中有25条河流的名称，看你能否记住它们都在哪个格子里。你不需要记住河的名字——只需记住它们的位置，用几分钟的时间，试着记住它们，然后翻到下一页，把河的名字填到对应的格子里。

Severn	Amazon	Nile	Dordogne	Niger
Isis	Jordan	Limpopo	Little Bighorn	Yukon
Volta	Thames	Tweed	Yangtze	Tay
Indus	Rio Grande	Moselle	Tyne	Churchill
Congo	Orinoco	Ouse	Cam	Barrow

中级训练 39

这些河流名称该放在哪里呢?

注意:有两条河的名字根本不在格子里。

Moselle

Barrow

Tay

Isis

Severn

Little Bighorn

Tweed

Ouse

Nile

Clyde

Yukon

Cam

Churchill

Limpopo

Rio Grande

Orinoco

Thames

Rhone

Volta

Dordogne

Niger

Tyne

Jordan

Amazon

Indus

Congo

Yangtze

中级训练 40

数 谜

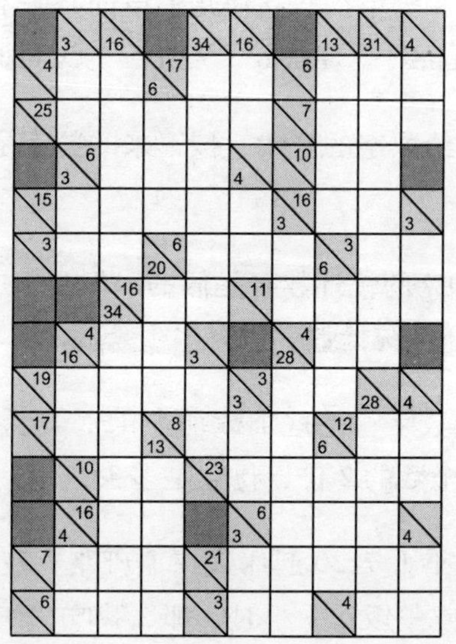

填写空格使连续方格中的数字加起来的总和等于方格上边或左边的数字。只能使用数字 1~9，并且同一数字不能出现在未被分割的同一行或一列（同一数字可以出现在不同区域的同一行或同一列）。对角线下面的数字是其下每一竖行的数字之和，对角线上面的数字是右边横行的数字之和。

不要盲目猜测，答案是唯一的。如果你不确定已经完全了解了规则，可以快速浏览一下答案，看看怎么做。

中级训练 41

1. 下列哪一个单词与其他几个单词有所不同？

Echo　Lima　Bravo　Gin　Whisky

2. 按照所给数字的规律，接下来的数字是什么？

2　3　5　7　11　13？

3. 如果50%的统计数字是假的，但是只有25%出自统计员之手，100个统计数字中有多少是假的？

4. 想一个数字，把这个数加上15，再乘以2，再减去24，再减去这个数的2倍，得数是多少？

5. 如果我早上7:30起床，在上班路上花1小时，然后工作4小时，吃午饭花1小时，那么我吃完午饭是几点钟？

6. 如果我晚上6:15下班，以每小时60公里的速度开车回家，晚上7:00到家，那么我工作的地方离家有多远？

7. 将摄氏度换算成开氏度需加上273，如果碳的沸点是3825摄氏度，铝的沸点是2792开氏度，镍的沸点是3186开氏度，那么哪一种物质的沸点最高？

8. 完成下列式子：

$33+66=?$　$99\times ?=198$　$55\times 3=?$

9. 判断对错：如果我周一下班后总去公园，周二午餐时间总去动物园，那就是说，只要我去公园，一定是星期一。

10. 下一个出现的字母是什么？

B　C　D　G　J　O？

11. 完成下列式子：

99% ×200 = ？　25% ×60 = ？　55% ×300 = ？

12. 如果宁静海在月球上，黑海在地球上，那么红海在哪个星球上？

13. 下列哪几个单词只有一个辅音字母却有两个元音字母？

Boo　Pie　Cat　Dog

14. 如果有3/4的超市卖我喜欢的橘子果酱，但其中的2/3没有现货，那么有橘子果酱现货的超市所占的百分比是多少？

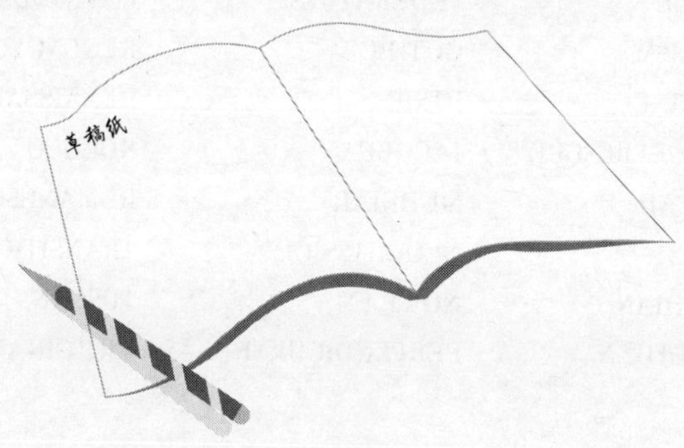

中级训练 42

N	A	E	B	O	C	A	J	P	R	B	R	B	N	Q
Z	A	L	F	O	O	N	Q	E	Y	O	G	A	E	R
C	L	I	A	A	R	H	G	Z	C	O	C	R	P	E
I	I	A	R	I	I	E	A	O	T	S	A	O	M	N
N	A	M	R	O	N	N	C	H	U	L	S	Q	U	A
O	E	U	N	C	T	O	I	T	U	T	V	U	D	I
I	N	N	Y	I	H	C	L	C	M	Z	A	E	E	S
T	R	A	N	S	I	T	I	O	N	A	L	U	J	S
A	V	E	R	C	A	D	D	V	C	H	Y	O	A	A
R	R	O	M	A	N	E	S	Q	U	E	D	N	R	N
E	U	Q	S	E	R	E	U	G	I	R	R	U	H	C
D	B	L	P	N	A	H	T	E	B	A	Z	I	L	E
E	S	R	I	M	S	I	L	A	T	U	R	B	U	S
F	E	S	O	C	L	A	S	S	I	C	A	L	M	C
P	T	S	I	C	I	S	S	A	L	C	O	E	N	Y

在格子当中找出下列建筑风格的名称。

BAROQUE
BRUTALISM
BYZANTINE
CHURRIGUERESQUE
CLASSICAL
COLONIAL
CORINTHIAN
ELIZABETHAN
FEDERATION
GOTHIC
IONIC
JACOBEAN
MUDEJAR
NEOCLASSICIST
NORMAN
PERPENDICULAR
POSTMODERNIST
REGENCY
RENAISSANCE
ROCOCO
ROMANESQUE
TRANSITIONAL
TUSCAN
VICTORIAN

中级训练 43

数 独

				9	3	2		
		2	5		7	9	6	
						7	3	8
			2			3	5	
			1		9			
	6	3			5			
1	4	7						
	3	5	8		2	4		
		6	3	7				

规则非常简单：在3×3的格子当中填入1~9的数字，使1~9每个数字在每一行和每一列只出现一次。

不要盲目猜测，答案是唯一的。如果对解题规则还不确定，可以参考一下答案，看看怎么做。

中级训练 44

看看你的购物旅程是不是比豆豆更成功？阅读下面的文章，然后在不看原文的前提下尽可能多地回答问题。回答完之后再对照原文将没能答出的问题补充完整。

萨丽请求豆豆答应这个周末替她购物。她知道这有风险（因为豆豆很健忘），但是她还是很认真地告诉了他要买哪种美白牙膏，哪些食品和其他东西。这些东西包括：两袋橘子（正在搞买一赠一，所以很便宜）和一袋苹果，一定要亲手挑选，不能买已经包装好的。甘蓝也是，一定要买散装的，包装精美的要花四倍的价钱，她认为简直是疯了。

好吧，再说说面包。你也许会觉得买面包很难出差错，但是豆豆最近买面包出了三次错。萨丽认为这是个技术活。上周他买了厚面包而没买薄面包。大上周他买的是白色面包，而不是棕色面包——这二者是不一样的。还有一次让他买法式砚，他也根本没买，为什么呢？显然，意大利式脆皮面包看上去也不错，但它不是法式面包。法式面包又长又尖，和意大利面包完全不一样。

此外，萨丽又嘱咐道："三盒牛奶，每盒4品脱，两盒橙汁和一盒苹果汁，都是1公升纸盒装的。另外，不要忘了在路上买一份报纸，今早街角商店的报纸卖完了。如果咖啡依旧半价的话一定要买两三瓶，不，我觉得应该要四瓶。至于茶，我不能没有茶，要那种带细绳的小茶包，可以用细绳将茶包从杯子里拿出来。我最喜欢这样的。一盒

应该是80小包，所以买两三盒就够喝一个月了。

“就这些了。哦，对了，还得买洗发水，不要绿色的，我不喜欢；保湿霜，只要是天然的就行。除臭喷雾，我喜欢蓝色瓶子上有个字母“H”的。不要买紫色的，不过绿色的也可以。这两种颜色任意一个都可以。就这些了，对了，还要买两块C电池和几只40瓦的灯泡。”

问题：

1. 豆豆不应该买哪种甘蓝，为什么？

2. 两周以前豆豆买面包的时候犯了什么错？

3. 他一共要买多少公升的果汁？

4. 假设他少买了一盒牛奶，他最后买的牛奶是多少品脱？

5. 豆豆发现什么面包和法式面包一样诱人？

6. 萨丽要的除臭剂有哪个字母的标志？

7. 萨丽要豆豆买的其他三种洗漱用品是什么？

8. 萨丽需要什么样的灯泡？

9. 那时的橘子为什么诱人？

10. 萨丽想要哪种茶？

11. 豆豆在去超市的路上需要记得买什么？

12. 萨丽不能接受哪种颜色的洗发水？

13. 萨丽需要几块电池？

中级训练 45

数 回

2	2	3		3	2		
		2		2		1	2
2	3	2			2		3
	2		2	1	0	1	2
3	3	2	3	2		3	
2		2			2	2	2
3	3		2		2		
		1	2		3	2	3

通过连接纸上的点画一个封闭的环形，其中每个数字代表与之相邻的线段数。相邻的点可以直接用横线或竖线连接，但不能交叉或重叠。

不要盲目猜测，答案是唯一的。如果不确定你已经完全了解了规则，可以参考一下答案，看看怎么做。

中级训练 46

数　谜

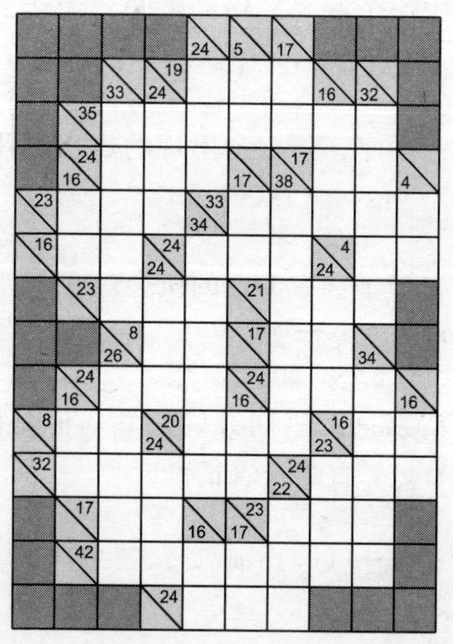

填写空格使连续方格中的数字加起来的总和等于方格上边或左边的数字。只能使用数字 1 ~ 9，并且同一数字不能出现在未被分割的同一行或一列（同一数字可以出现在不同区域的同一行或同一列）。对角线下面的数字是其下每一竖行的数字之和，对角线上面的数字是右边横行的数字之和。

不要盲目猜测，答案是唯一的。如果你不确定已经完全了解了规则，可以快速浏览一下答案，看看怎么做。

中级训练 47

1. 下面词中哪个词与其他词不同，为什么？

黄水仙　　藏红花　　蝴蝶花　　雏菊　　剑兰

2. 按下面的顺序，下一个出现的数字是什么？

12　　14　　13　　15　　14　　？

3. 滚动一个骰子会有 1/6 的机会停在 1，那么滚动两个骰子会有多大的几率停在 2？

4. 如果政治家只在星期五说实话，但是国会星期五不工作，那么在国会会有多少真话？

5. 如果我在晚上 11∶15 睡觉，第二天早晨 7∶30 起床，那么我睡了多长时间？

6. 我通常以每小时 30 英里的速度驾驶，但是今天由于交通堵塞我不得不降低一半的速度，如果我每天的路程需要花费 20 分钟，那么今天会用多久？

7. 从摄氏度转到华氏度需要先乘以 9，再除以 5，再加上 32。如果温度是 25 摄氏度，那么转换成华氏度是多少？

8. 完成下面运算

$26 \times 3 = ?$　　$99 \times 3 = ?$　　$45 + 145 = ?$

9. 判断对错：如果你从字典的最后一页倒着看到第一页，单词“ture”会出现在“fasle”的后面。

10. 按照如下规律，下一个会出现哪个字母？

I V X L?

11. 按照价格的升序排列：

2 英磅的 25%　　3 英磅的一半　　10 个 10 便士的硬币

12. 如果人类是从猿进化而来的，猿是从变形虫进化而来的，那么人是从变形虫进化而来的吗？

13. 哪组词不是同义词？

富足 & 富裕　　快乐 & 悲伤　　久远 & 遥远　　清楚 & 明显

14. 如果一段篱笆每隔 2 米有一个篱笆桩，这个篱笆有 56 米长，那么一共有多少个篱笆桩？

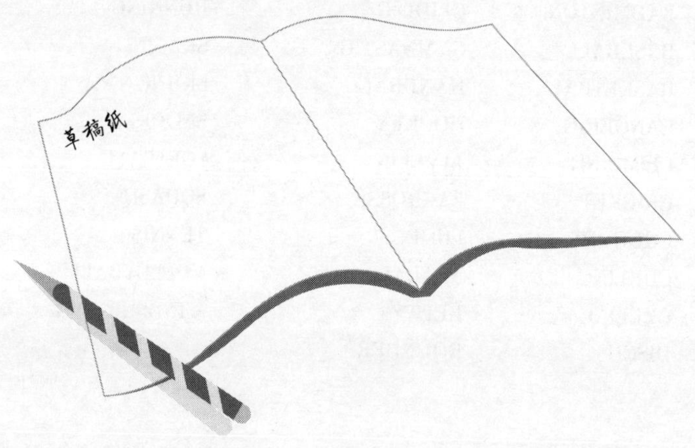

中级训练 48

G	S	C	R	O	Q	U	E	T	D	I	S	C	U	S
S	N	R	S	O	N	E	T	B	A	L	L	Y	B	G
H	S	I	L	C	U	R	L	I	N	G	L	A	C	N
A	O	C	E	V	O	L	L	E	Y	B	A	L	L	I
N	F	K	N	O	T	N	I	M	D	A	B	E	I	L
D	T	E	B	E	N	S	N	O	O	K	E	R	M	C
B	B	T	G	L	L	A	B	T	E	K	S	A	B	Y
A	A	U	V	N	S	S	C	G	E	G	A	B	I	C
L	L	A	B	T	O	O	F	S	N	N	B	R	N	A
L	L	W	I	N	D	S	U	R	F	I	N	G	G	R
L	A	C	R	O	S	S	E	L	N	T	N	I	U	C
I	S	R	E	D	N	U	O	R	K	A	A	N	S	H
J	A	V	E	L	I	N	H	O	C	K	E	Y	U	E
R	U	G	B	Y	H	S	A	U	Q	S	E	A	A	R
U	R	G	N	I	D	I	L	G	N	I	I	K	S	Y

尽量在表格中找到这些运动项目名称。

ARCHERY
BADMINTON
BASEBALL
BASKETBALL
CANOEING
CLIMBING
CRICKET
CROQUET
CURLING
CYCLING
DISCUS
FOOTBALL
GLIDING
GYMNASTICS
HANDBALL
HOCKEY
JAVELIN
LACROSSE
LUGE
NETBALL
RELAY
ROUNDERS
RUGBY
RUNNING
SKATING
SKIING
SNOOKER
SOFTBALL
SQUASH
TENNIS
VOLLEYBALL
WINDSURFING

中级训练 49

记忆测试

在表格里有25个单词。你不仅要记住单词，还要记住它们在哪个方格内。只要运用正确的记忆技巧，这些单词比本书前面你曾经见过的抽象词汇更容易记忆。用几分钟的时间尝试一下：

Dog	Leg	Monday	Park	Swing
Doll	Puddle	Weather	Night	Tuesday
Door	Television	Trampoline	Child	Zoo
Wednesday	Library	Shopping	Trainers	Party
Champagne	Key	Car	Bed	Thursday

中级训练 49

尽量回忆表中的单词和它们的位置。

Dog				

如果觉得有困难，可以把这些词按照顺序编一个故事，这样会容易一些。例如，星期一小狗咬了我的腿；我在公园玩秋千；一个娃娃掉进了水坑里（因为天气的原因才有的水坑）等等。再试一次吧！

中级训练 50

X 数独

							9	
5	1	2	9					
					6		2	
					7		5	3
			6		2			
9	4		1					
	7		2					
					8	6	4	9
	3							

X 数独和标准的数独一样，只是增加了一个非常简单的规则：在方格内填 1 ~9 的 9 个数字，使每一行、每一列、每一个阴影方格构成的对角线都有 1 ~9 的 9 个数字，并且每个数字只能出现一次。

不要盲目猜测，答案是唯一的。如果不确定你已经完全了解了规则，可以浏览一下答案，看看应该怎么做。

中级训练 51

1. 下面哪个字母与其他字母不同，为什么？

C　　O　　H　　X　　N

2. 按照如下规律，下一个出现的数字是什么？

4　　9　　15　　22　　？

3. 如果向空中扔三枚硬币，三枚都正面朝上的几率是多大？

4. 如果我打一个五个字母的单词要五秒，打一个六个字母的单词要六秒，但是我总是找不到 W 键，所以我打 W 的时候要比打别的字母多花三秒，那么在 Wally 和 Andrew 中，我打哪个词比较快？

5. 一周有多少个小时？

6. 我骑自行车以每小时 10 英里的速度上班，要花费 15 分钟。如果我每天骑车往返一次，那么我每天一共要骑车多少英里？

7. 如果大卫的妹妹和鲍勃的哥哥结婚了，那么大卫和鲍勃是什么关系？

8. 完成下面运算：

$99 \times 9 = ?$　　$123 \times 3 = ?$　　$72 + 71 = ?$

9. 如果皮特和简有 5 个孩子，这 5 个孩子分别有 4 个孩子，然后这 4 个孩子中的 2 个又分别有 3 个孩子，另外 2 个分别有 2 个孩子。那么皮特和简一共有多少个曾孙子女？

10. 按照下面的规律，下一个出现的字母是什么？

A B b c C D d e ？

11. 如果我体重 80 千克，并且拿着 1 千克的很重的土豆；我的朋友体重 81 千克，手里拿着 1 千克的很轻的花。问我俩谁的总重量更重？

12. 一年有 365 ×24 个小时，如果所有的星期二都只有正常一天时间的一半，并且这一年从星期一开始，那么这一年里有多少个完整的周？

13. 有多少个英文大写字母从镜子里看也是一样的？

14. 买面包和牛奶一共花了 1 英磅，且已知面包花了 40 便士；如果物价上涨 10%，那买同样多的牛奶就要花多少钱？

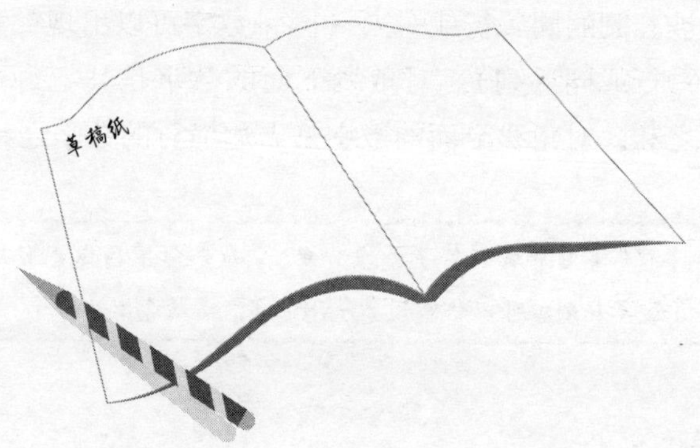

中级训练 52

数 谜

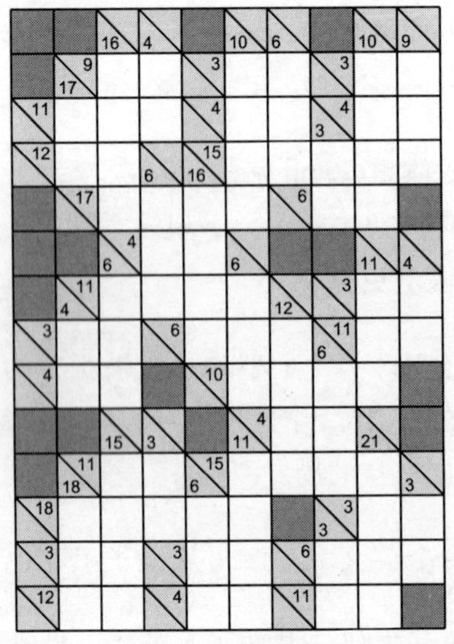

填写空格使连续方格中的数字加起来的总和等于方格上边或左边的数字。只能使用数字 1～9，并且同一数字不能出现在未被分割的同一行或一列（同一数字可以出现在不同区域的同一行或同一列）。对角线下面的数字是其下每一竖行的数字之和，对角线上面的数字是右边横行的数字之和。

不要盲目猜测，答案是唯一的。如果你不确定已经完全了解了规则，可以快速浏览一下答案，看看怎么做。

中级训练 53

数 墙

6			3				2
							2
			1		3		
		2					2
	4						
			3		2		

将方格内的部分小正方格涂黑，有数字的正方形不得涂黑，每个数字代表该数字四周白色方格的数目，空白方格不能互相连成一条水平的或垂直的线，涂黑的方格必须组成一片连续不断的区域，并且黑色方格不能形成 2×2 的正方形。

不要盲目猜测，答案是唯一的。如果你不确定已经完全了解了规则，可以快速浏览一下答案，看看怎么做。

中级训练 54

K	C	R	O	I	R	E	P	U	S	E	Y	R	E
A	E	E	S	N	E	D	O	B	N	B	U	A	B
T	O	R	R	I	D	O	N	D	A	L	U	N	A
R	S	S	E	N	O	I	T	H	G	G	T	M	I
I	Y	A	O	M	T	G	C	U	A	V	H	A	K
N	I	M	F	I	S	E	H	R	N	I	I	I	A
E	O	R	G	L	E	A	A	O	A	C	R	L	L
L	D	A	E	M	E	C	R	N	K	T	L	I	R
Y	A	R	P	E	I	B	T	G	O	O	M	N	A
T	C	W	I	N	D	E	R	M	E	R	E	N	N
A	V	E	N	E	G	N	A	A	M	I	R	H	N
H	W	O	N	T	A	R	I	O	R	A	E	E	O
O	H	N	I	N	Y	A	N	E	T	O	O	K	C
E	N	A	W	E	A	K	K	A	R	I	B	A	H

在表格中找到这些湖泊的名称。

ANNECY
BAIKAL
BELFAST
BODENSEE
ERIE
EYRE
GENEVA
GRASMERE
HURON
ILIAMNA
ILMEN
KARIBA
KATRINE
KOOTENAY
LINNHE
LOMOND
MEAD
MEECH
NESS
NICARAGUA
OKANAGAN
ONTARIO
PONTCHARTRAIN
RANNOCH
REINDEER
SUPERIOR
TAHOE
THIRLMERE
TORRIDON
VICTORIA
WINDERMERE
WINNIPEG

中级训练 55

X 数独

4					5			
								9
	5				2			1
	4	6			7			
			1		8			
			4			3	5	
8			7				9	
6								
			2					7

X 数独和标准的数独一样，只是增加了一个非常简单的规则：在方格内填 1 ~9 的 9 个数字，使每一行、每一列、每一个阴影方格构成的对角线都有 1 ~9 的 9 个数字，并且每个数字只能出现一次。

不要盲目猜测，答案是唯一的。如果不确定你已经完全了解了规则，可以浏览一下答案，看看应该怎么做。

中级训练 56

数　回

3		2	3	1			3
		2				2	1
2	0			2	2	3	
2		3				2	
	2				2		3
	2	3	1			1	3
3	2				3		
2			2	1	2		3

通过连接纸上的点画一个封闭的环形，其中每个数字代表与之相邻的线段数。相邻的点可以直接用横线或竖线连接，但不能交叉或重叠。

> 不要盲目猜测，答案是唯一的。如果不确定你已经完全了解了规则，可以参考一下答案，看看怎么做。

中级训练 57

记忆测试

试着记住这25个交通工具及它们在哪个方格内。在下一页的每一个方格里都有这些单词的第一个字母，其余的就要靠你的记忆力了。

Bicycle	Bus	Cab	Milk float	Taxi
Tanker	Tipper truck	Toboggan	Fire engine	Jet ski
Pram	Road-roller	Rickshaw	Aeroplane	Camper van
Coach	Train	Gritter	Scooter	Spacecraft
Tandem	Tank	Unicycle	Motorbike	Van

中级训练 57

B	B	C	M	T
T	T	T	F	J
P	R	R	A	C
C	T	G	S	S
T	T	U	M	V

中级训练 58

N	H	I	E	A	E	N	N	O	L	N	I	U	U	A	M	B	E
M	E	S	O	L	I	T	H	I	C	T	T	L	B	Y	N	E	I
N	A	I	R	E	T	S	U	O	M	I	N	M	C	N	C	C	E
R	A	G	V	I	O	I	E	O	S	L	D	E	A	I	I	I	B
S	I	O	D	A	I	N	I	G	O	O	N	A	E	E	A	I	N
A	B	E	N	A	I	L	I	Z	A	A	L	C	L	O	C	O	Y
C	I	H	T	I	L	O	E	N	E	E	S	U	N	L	E	U	I
G	H	O	T	C	M	E	N	A	V	M	Z	T	T	I	E	I	S
I	R	A	U	R	I	G	N	A	C	I	A	N	U	R	N	H	E
G	P	A	L	A	E	O	L	I	T	H	I	C	O	R	E	E	H
I	L	R	V	C	I	L	N	N	A	E	E	R	O	R	I	A	L
O	M	M	U	E	O	T	G	H	A	N	N	U	O	O	B	A	N
R	E	L	R	I	T	L	E	I	E	A	E	N	L	N	E	R	N
G	R	M	S	A	E	T	I	O	M	U	S	I	C	E	A	G	E
L	R	I	E	A	O	G	I	T	U	A	I	U	H	U	A	G	E
A	A	B	H	A	G	A	M	A	H	A	U	L	B	U	T	N	E
N	E	O	B	A	B	Y	L	O	N	I	A	N	T	N	P	N	N
O	A	N	E	A	N	G	H	E	I	L	C	H	B	G	T	T	N

看看你是否能找出隐藏在方格里的有关考古时期和考古文化的名称。

ACHEULEAN
ASTURIAN
AURIGNACIAN
AZILIAN
BRONZE AGE
CHALCOLITHIC
ENEOLITHIC
GRAVETTIAN
HELLADIC
ICEAGE
IRONAGE
LEVALLOISIAN
MAGDALENIAN
MESOLITHIC
MINOAN
MOUSTERIAN
MYCENAEAN
NEOBABYLONIAN
PALAEOLITHIC
SOLUTREAN

中级训练 59

数　谜

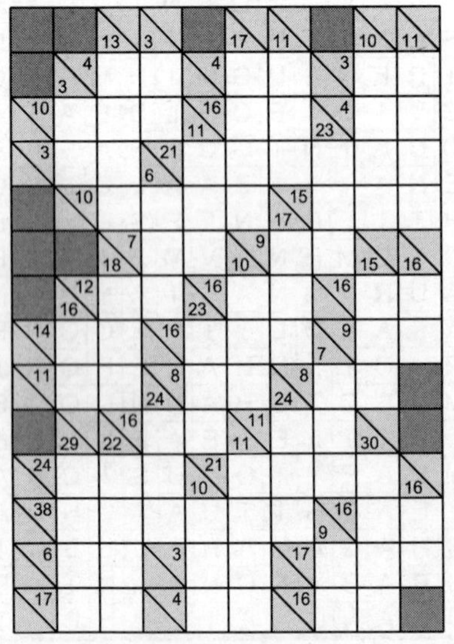

填写空格使连续方格中的数字加起来的总和等于方格上边或左边的数字。只能使用数字 1 ~ 9，并且同一数字不能出现在未被分割的同一行或一列（同一数字可以出现在不同区域的同一行或同一列）。对角线下面的数字是其下每一竖行的数字之和，对角线上面的数字是右边横行的数字之和。

不要盲目猜测，答案是唯一的。如果你不确定已经完全了解了规则，可以快速浏览一下答案，看看怎么做。

中级训练 60

1. 下面哪一个词与其他词不同，为什么？

老鼠　　蛙　　水蜥　　蟾蜍　　蝾螈

2. 按照所给数字的规律，下一个出现的数字是什么？

1　2　2　4　8　32　?

3. 下列两对单词为什么成对？

retails & saltier　　melon & lemon

4. 如果从镜子里看，下列哪个单词仍是一个英文单词？

MOTTO　THAW　MOOD　TOMATO　OH

5. 一天有多少分钟？

6. 今天傍晚，我从工作的地方出发，开车行驶了 10 英里，然后停车买了一些东西，又行驶了 15 英里之后到家。到家之后我又行驶了 5 英里到餐馆吃饭，之后回家。今天晚上我一共行驶了多少英里？

7. 若把摄氏度转换为华氏度，需把摄氏温度乘以 9，然后除以 5，加 32。如果摄氏温度为 10 度，那么对应的华氏温度是多少？

8. 完成下面的运算：

$55+45+35=?$　　$99+89+79=?$

$61+49-53=?$

9. 下一个出现的字母将是什么?

T W T F S ?

10. 完成下面的运算:

987 + 123 = ?　　55 × 4 = ?　　26 × 4 = ?

11. 如果今天是星期二之后的第三天，明天是我生日之前的第五天，那么我生日的那天是星期几?

12. 如果所有的元音都被替换，A 换成 U，E 换成 A，I 换成 E，O 换成 I，U 换成 O，下面的句子会变成什么样子?

Carry on dug perk。

13. 如果我买的股票上涨 10% 后达到每股 88 美分，我共有 50 股，那么我的股票在上涨以前值多少钱?

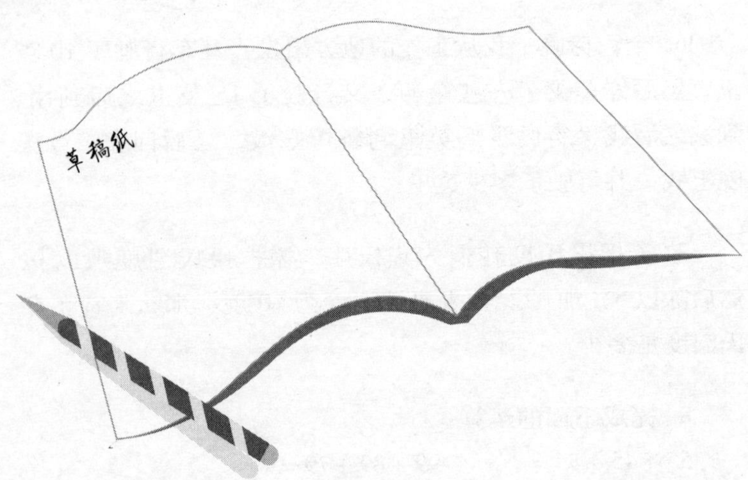

中级训练答案

中级训练 31 答案

9	5	4	8	2	7	3	6	1
1	7	8	3	6	9	2	5	4
3	6	2	4	1	5	8	7	9
7	2	3	6	4	1	9	8	5
8	1	9	7	5	3	6	4	2
5	4	6	2	9	8	1	3	7
6	3	1	9	7	4	5	2	8
4	8	5	1	3	2	7	9	6
2	9	7	5	8	6	4	1	3

中级训练 32 答案

1. 长笛。

2. 小提琴和长号。

3. F 大调。

4. 4 种。

5. 小号。

6. 6 岁。

7. 拉小提琴。

8. 鼓。

9. 我没能找到人教我。

10. 钢琴音不准。

11. 学校乐队不需要。

12. 黑色琴键用得少的。

中级训练 33 答案

	4\	21\		15\	3\		6\	3\	
\8	3	5	\6	4	2	\3	2	1	
\3	1	2	3\4	3	1	9\5	3	2	
	7\9	6	1	2	9\4	3	1	7\	3\
\21	4	3	2	5	1	6	11\6	4	2
\3	2	1	14\4	1	3	3\8	5	2	1
\7	1	4	2	4\11	5	2	3	1	
		9\11	8	3	7\3	1	2	22\	7\
	4\10	4	3	1	2	16\7	1	2	4
\6	3	2	1	3\3	1	2	5\4	3	1
\4	1	3	6\21	1	4	6	3	5	2
		5\3	1	2	3\7	1	2	4	8\
	\6	4	2	\6	2	4	\12	7	5
	\4	1	3	\4	1	3	\4	1	3

中级训练34答案

1. 7个。
2. 24个。
3. 25个。
4. 3种。

中级训练 35 答案

1. 豚鼠，只有它没有明显的尾巴。

2. 13，前面两个数字之和。

3. 四分之一。

4. 26400026。

5. 3600 秒。

6. 2.5 英里。

7. 84 摄氏度。

8. $26+24=50$ $45\times2=90$ $33+33=66$

9. 四只，因为前三只袜子可能都是一个颜色。

10. U。

11. $25\%\times100=25$ $15\%\times100=15$ $80\times75\%=60$

12. 6 个，不要忘记开头和末尾都有一个。

13. 两个。Ape 和 Pie。

14. 3.5 品脱。

中级训练 36 答案

B N O R W E G I A N C W
N U F R I S I A N A O E
F A E R O E S E A I R R
N A I N A U H T I L N S
A E M L F G E N C E I E
I N A D I U U A I R S S
N A L A N T Q I L A H T
I L T N N R S N A K G O
D A E I I O A A G M R N
R T S S S P B B C A E I
A A E H H S I L G N E A
S C R O A T I A N X K N

中级训练 37 答案

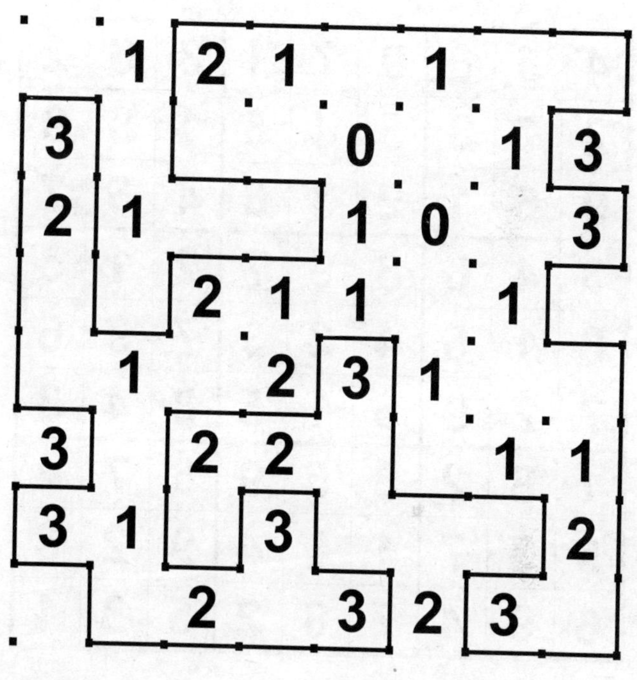

中级训练38答案

4	5	8	9	7	1	3	6	2
2	7	3	5	4	6	1	8	9
9	6	1	2	3	8	4	5	7
3	4	6	8	9	7	2	1	5
8	1	5	4	2	3	7	9	6
7	2	9	6	1	5	8	4	3
1	8	2	3	5	9	6	7	4
5	3	7	1	6	4	9	2	8
6	9	4	7	8	2	5	3	1

中级训练 40 答案

	3\	16\		34\	16\		13\	31\	4\
\4	1	3	6\17	8	9	\6	1	2	3
\25	2	6	1	9	7	\7	2	4	1
	3\6	1	2	3	4\	\10	3	7	
\15	2	4	3	5	1	3\16	7	9	3\
\3	1	2	20\6	2	3	1	6\3	1	2
		34\16	9	7	\11	2	3	5	1
	16\4	1	3	3\		28\4	1	3	
\19	7	3	8	1	3\3	1	2	28\	4\
\17	9	8	13\8	2	1	5	6\12	9	3
	\10	7	3	\23	2	9	3	8	1
	4\16	9	7		3\6	3	2	1	4\
\7	1	4	2	\21	2	8	1	7	3
\6	3	2	1	\3	1	2	\4	3	1

中级训练 41 答案

1. Gin，是唯一不在字母代码表之列的词（字母代码表是二战期间北大西洋公约组织编码的）。

2. 17。它们都是质数（只能被 1 和它本身整除的数）。

3. 50 个，因为 25% 统计员捏造的数据与本题无关。

4. 6。

5. 下午 1:30。

6. 45 英里。

7. 碳（4098 开氏度）。

8. $33+66=99$　　$99\times2=198$　　$55\times3=165$

9. 错。

10. P，因为所给的大写字母都是带圆弧的。

11. $99\%\times200=198$　$25\%\times60=15$　$55\%\times300=165$

12. 也在地球上（宁静海是月球上的一个地名，也是阿姆斯特朗登陆月球的地点）。

13. 2 个：Boo 和 Pie。

14. 25%。

中级训练 42 答案

N	A	E	B	O	C	A	J	P	R	B	R	B	N	Q
Z	A	L	F	O	O	N	Q	E	Y	O	G	A	E	R
C	L	I	A	A	R	H	G	Z	C	O	C	R	P	E
I	I	A	R	I	I	E	A	O	T	S	A	O	M	N
N	A	M	R	O	N	N	C	H	U	L	S	Q	U	A
O	E	U	N	C	T	O	I	T	U	T	V	U	D	I
I	N	N	Y	I	H	C	L	C	M	Z	A	E	E	S
T	R	A	N	S	I	T	I	O	N	A	L	U	J	S
A	V	E	R	C	A	D	D	V	C	H	Y	O	A	A
R	R	O	M	A	N	E	S	Q	U	E	D	N	R	N
E	U	Q	S	E	R	E	U	G	I	R	R	U	H	C
D	B	L	P	N	A	H	T	E	B	A	Z	I	L	E
E	S	R	I	M	S	I	L	A	T	U	R	B	U	S
F	E	S	O	C	L	A	S	S	I	C	A	L	M	C
P	T	S	I	C	I	S	S	A	L	C	O	E	N	Y

中级训练43答案

7	8	4	6	9	3	2	1	5
3	1	2	5	8	7	9	6	4
6	5	9	4	2	1	7	3	8
4	9	1	2	6	8	3	5	7
5	7	8	1	3	9	6	4	2
2	6	3	7	4	5	1	8	9
1	4	7	9	5	6	8	2	3
9	3	5	8	1	2	4	7	6
8	2	6	3	7	4	5	9	1

中级训练 44 答案

1. 不能买包装精美的，因为价钱是散装的四倍。

2. 他买的是白色面包而不是棕色面包。

3. 三公升。

4. 八品脱。

5. 意大利式面包。

6. H。

7. 美白牙膏，天然保湿霜和洗发水。

8. 40 瓦的。

9. 买一赠一。

10. 带细绳的茶包。

11. 报纸。

12. 绿色的。

13. 两块。

中级训练 45 答案

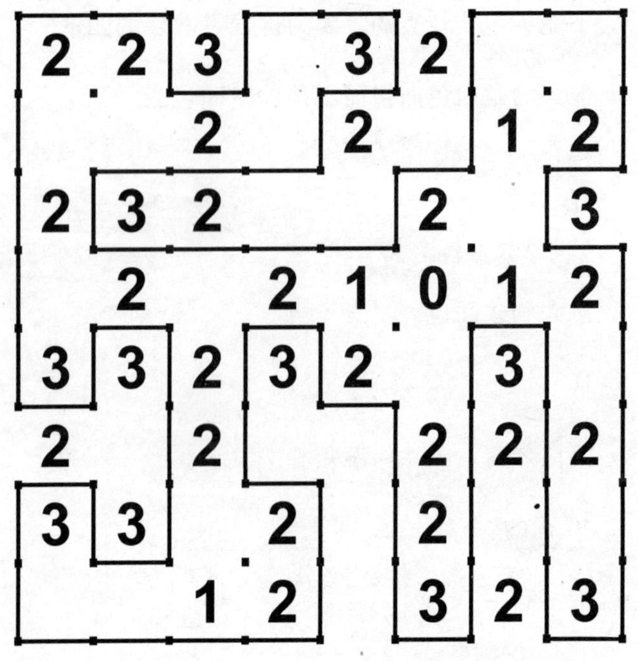

中级训练 46 答案

■	■	■	■	24\	5\	17\	■	■	■
■	■	33\	24\19	7	3	9	16\	32\	■
■	\35	3	7	9	2	8	1	5	■
■	16\24	7	9	8	17\	38\17	8	9	4\
\23	9	6	8	34\33	9	6	7	8	3
\16	7	9	24\24	9	8	7	24\4	3	1
■	\23	8	9	6	\21	5	9	7	■
■	■	26\8	7	1	\17	9	8	34\	■
■	16\24	9	8	7	16\24	8	7	9	16\
\8	7	1	24\20	8	9	3	23\16	7	9
\32	9	5	8	3	7	22\24	9	8	7
■	\17	8	9	16\	17\23	9	8	6	■
■	\42	3	7	9	8	5	6	4	■
■	■	■	\24	7	9	8	■	■	■

中级训练 47 答案

1. 雏菊，因为它是唯一不从球茎上长出的花。

2. 16，规律是加 2，减 1，加 2，减 1。

3. 1/36（$1/6\times1/6=1/36$）。

4. 没有实话。

5. 8 小时 15 分。

6. 40 分钟。没有必要知道每天速度是 30 英里每小时。

7. 77 华氏度。

8. $26\times3=78$　　$99\times3=297$　　$45+145=190$

9. 错。

10. C 。按照罗马数字升序排列（I = 1 V = 5 X = 10 L = 50 C = 100）。

11. 2 英磅的 25%（50 便士）　10 个 10 便士的硬币（1 英磅）　3 英磅的一半（1.5 英磅）

12. 是。

13. 快乐 & 悲伤。

14. 29 个，每端都有一个。

中级训练 48 答案

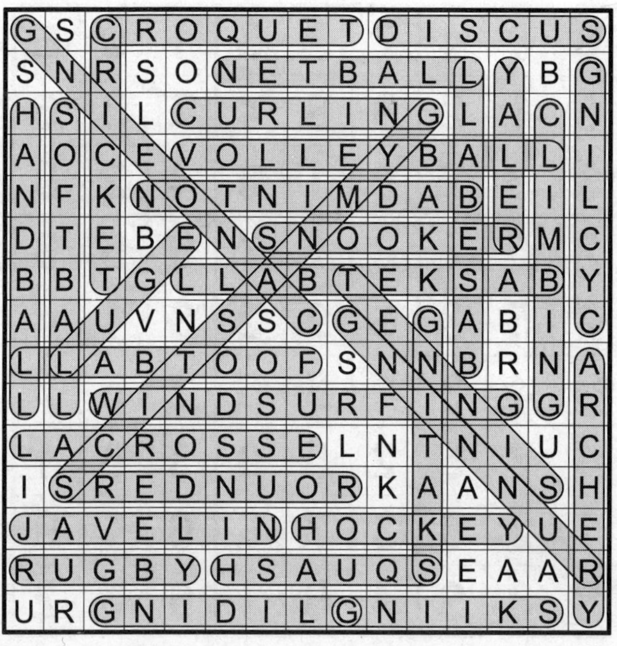

中级训练50答案

6	8	4	7	2	3	1	9	5
5	1	2	9	8	4	7	3	6
3	9	7	5	1	6	4	2	8
2	6	1	8	4	7	9	5	3
7	5	3	6	9	2	8	1	4
9	4	8	1	3	5	2	6	7
4	7	6	2	5	9	3	8	1
1	2	5	3	7	8	6	4	9
8	3	9	4	6	1	5	7	2

中级训练 51 答案

1. X，因为只有 X 不是化学元素符号。

2. 30，两个数字之间的差依次加 1。

3. 1/8　　(1/2 × 1/2 × 1/2)。

4. Wally，因为两个之中都有一个 W，所以和 W 没关系。

5. 168 小时。

6. 5 英里。

7. 姻兄弟。

8. 99 × 9 = 891　　123 × 3 = 369　　72 + 71 = 143

9. 50 个曾孙子女。他们有 20 个孙子女（5 × 4），其中的一半（10 个）有 2 个孩子（10 × 2），另一半有 3 个孩子(10 × 3)。

10. E，字母大小写每两个变换一次。

11. 我的朋友更重。

12. 56 个整周（实际上 393 天，因为一年有 365 × 24 = 8760 小时，除以（6 × 24 + 12） = 56 周零 1 天）

13. 11 个：A　H　I　M　O　T　U　V　W　X　Y

14. 66 便士。

中级训练 52 答案

		16\	4\		10\	6\		10\	9\
	17\9	6	3	\3	2	1	\3	2	1
\11	8	2	1	\4	1	3	3\4	1	3
\12	9	3	6\	16\15	4	2	1	3	5
	\17	5	2	7	3	\6	2	4	
		6\4	3	1	6\			11\	4\
	4\11	3	1	5	2	12\	\3	2	1
\3	1	2	\6	3	1	2	6\11	8	3
\4	3	1		\10	3	4	2	1	
		15\	3\		11\4	1	3	21\	
	18\11	9	2	6\15	2	5	1	7	3\
\18	7	2	1	3	5		3\3	2	1
\3	2	1	\3	2	1	\6	1	3	2
\12	9	3	\4	1	3	\11	2	9	

中级训练 53 答案

6			3				2
							2
			1		3		
		2					2
	4						
			3		2		

中级训练 54 答案

K C R O I R E P U S E Y R E
A E E S N E D O B N B U A B
T O R R I D O N D A L U N A
R S S E N O I T H G G T M I
I Y A O M T G C U A V H A K
N I M F I S E H R N I I I A
E O R G L E A A O A C R L L
L D A E M E C R N K T L I R
Y A R P E I B T G O O M N A
T C W I N D E R M E R E N N
A V E N E G N A A M I R H N
H W O N T A R I O R A E E O
O H N I N Y A N E T O O K C
E N A W E A K K A R I B A H

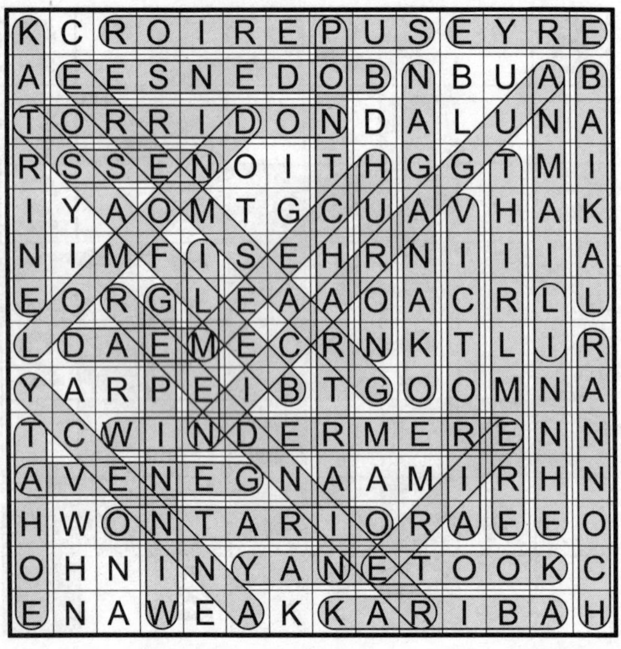

中级训练 55 答案

4	6	1	9	8	5	7	2	3
7	8	2	3	1	4	5	6	9
3	5	9	6	7	2	8	4	1
2	4	6	5	3	7	9	1	8
5	9	3	1	2	8	4	7	6
1	7	8	4	9	6	3	5	2
8	2	5	7	6	3	1	9	4
6	1	7	8	4	9	2	3	5
9	3	4	2	5	1	6	8	7

中级训练 56 答案

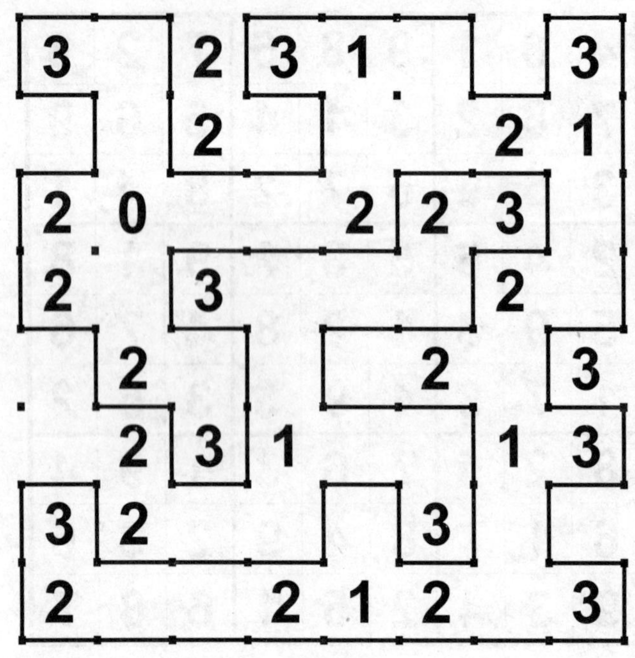

中级训练 49 答案

G S C R O Q U E T D I S C U S
S N R S O N E T B A L L Y B G
H S I L C U R L I N G L A C N
A O C E V O L L E Y B A L L I
N F K N O T N I M D A B E I L
D T E B E N S N O O K E R M C
B B T G L L A B T E K S A B Y
A A U V N S S C G E G A B I C
L L A B T O O F S N N B R N A
L L W I N D S U R F I N G G R
L A C R O S S E L N T N I U C
I S R E D N U O R K A A N S H
J A V E L I N H O C K E Y U E
R U G B Y H S A U Q S E A A R
U R G N I D I L G N I I K S Y

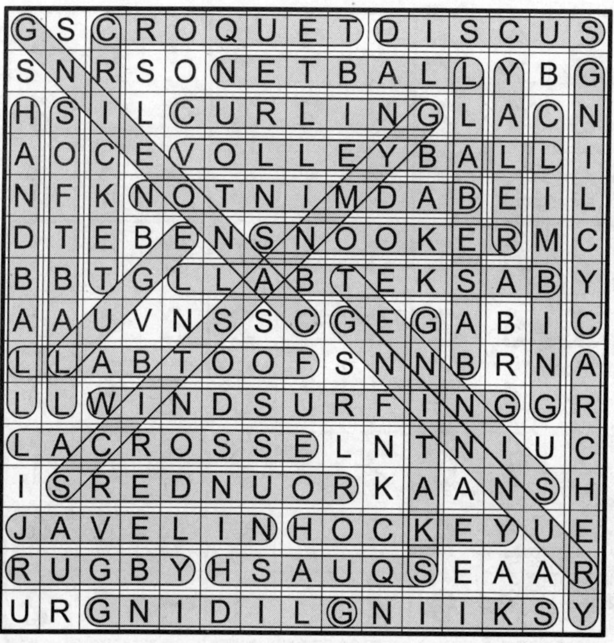

中级训练 50 答案

6	8	4	7	2	3	1	9	5
5	1	2	9	8	4	7	3	6
3	9	7	5	1	6	4	2	8
2	6	1	8	4	7	9	5	3
7	5	3	6	9	2	8	1	4
9	4	8	1	3	5	2	6	7
4	7	6	2	5	9	3	8	1
1	2	5	3	7	8	6	4	9
8	3	9	4	6	1	5	7	2

中级训练 51 答案

1. X，因为只有 X 不是化学元素符号。

2. 30，两个数字之间的差依次加 1。

3. 1/8　　(1/2 ×1/2 ×1/2)。

4. Wally，因为两个之中都有一个 W，所以和 W 没关系。

5. 168 小时。

6. 5 英里。

7. 姻兄弟。

8. 99 ×9 =891　　123 ×3 =369　　72 +71 =143

9. 50 个曾孙子女。他们有 20 个孙子女（5 ×4），其中的一半（10 个）有 2 个孩子（10 ×2），另一半有 3 个孩子(10 ×3)。

10. E，字母大小写每两个变换一次。

11. 我的朋友更重。

12. 56 个整周（实际上 393 天，因为一年有 365 ×24 = 8760 小时，除以（6 ×24 +12） =56 周零 1 天）

13. 11 个：A　H　I　M　O　T　U　V　W　X　Y

14. 66 便士。

中级训练 52 答案

		16\	4\		10\	6\		10\	9\
	17\9	6	3	\3	2	1	\3	2	1
\11	8	2	1	\4	1	3	3\4	1	3
\12	9	3	6\	16\15	4	2	1	3	5
	\17	5	2	7	3	\6	2	4	
		6\4	3	1	6\			11\	4\
	4\11	3	1	5	2	12\	\3	2	1
\3	1	2	\6	3	1	2	6\11	8	3
\4	3	1		\10	3	4	2	1	
		15\	3\		11\4	1	3	21\	
	18\11	9	2	6\15	2	5	1	7	3\
\18	7	2	1	3	5		3\3	2	1
\3	2	1	\3	2	1	\6	1	3	2
\12	9	3	\4	1	3	\11	2	9	

中级训练 53 答案

6			3				2
							2
			1		3		
		2					2
	4						
			3		2		

中级训练 54 答案

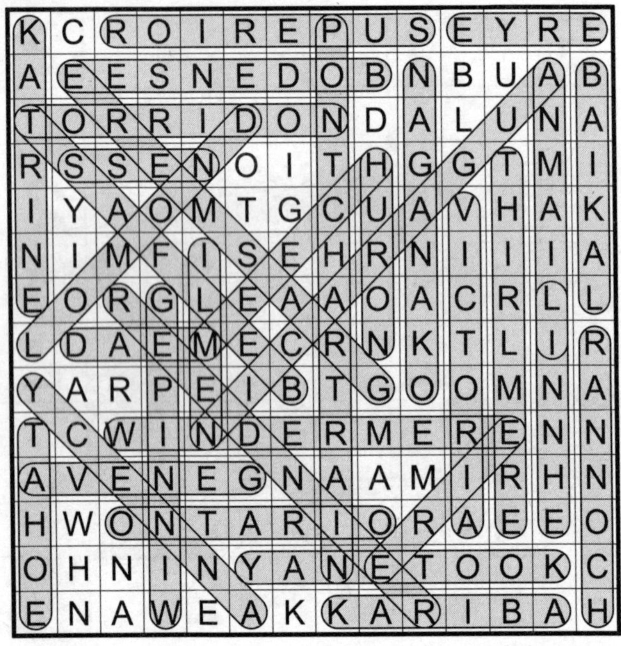

中级训练 56 答案

4	6	1	9	8	5	7	2	3
7	8	2	3	1	4	5	6	9
3	5	9	6	7	2	8	4	1
2	4	6	5	3	7	9	1	8
5	9	3	1	2	8	4	7	6
1	7	8	4	9	6	3	5	2
8	2	5	7	6	3	1	9	4
6	1	7	8	4	9	2	3	5
9	3	4	2	5	1	6	8	7

中级训练 57 答案

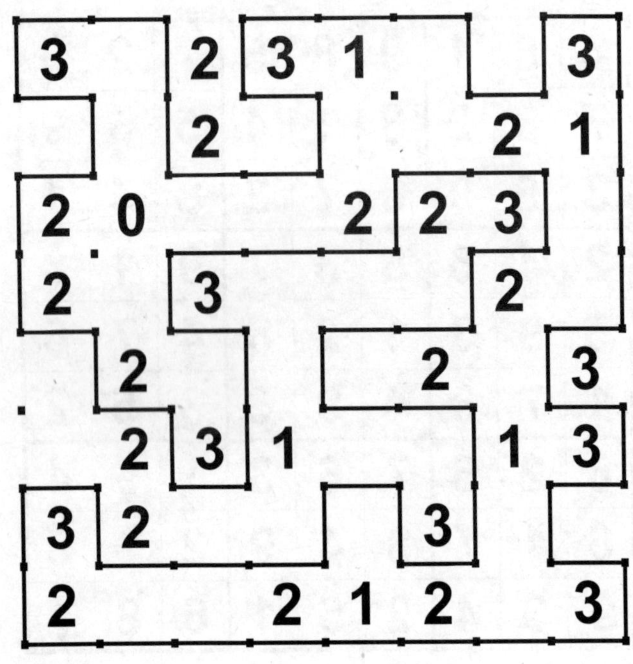

中级训练58答案

N H I E A E N N O L N I U U A M B E
M E S O L I T H I C T T L B Y N E I
N A I R E T S U O M I N M C N C C E
R A G V I O I E O S L D E A I I I B
S I O D A I N I G O O N A E E A I N
A B E N A I L I Z A A L C L O C O Y
C I H T I L O E N E E S U N L E U I
G H O T C M E N A V M Z T T I E I S
I R A U R I G N A C I A N U R N H E
G P A L A E O L I T H I C O R E E H
I L R V C I L N N A E E R O R I A L
O M M U E O T G H A N N U O O B A N
R E L R I T L E I E A E N L N E R N
G R M S A E T I O M U S I C E A G E
L R I E A O G I T U A I U H U A G E
A A B H A G A M A H A U L B U T N E
N E O B A B Y L O N I A N T N P N N
O A N E A N G H E I L C H B G T T N

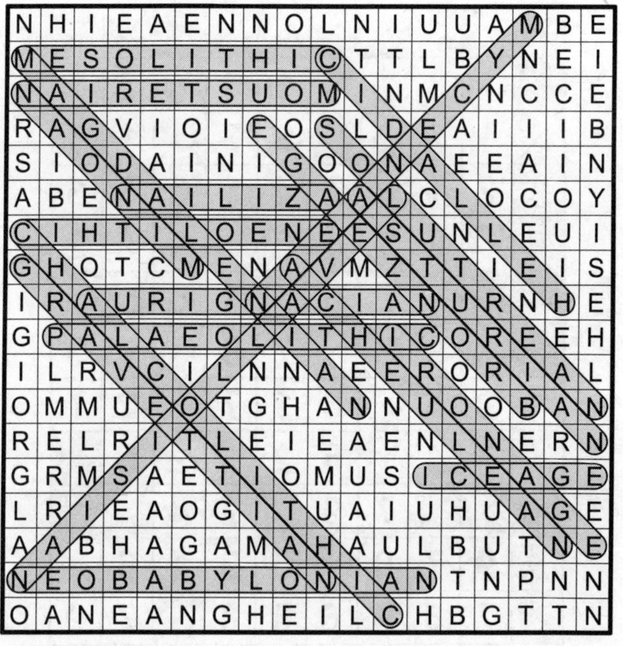

中级训练 59 答案

■	■	13\	3\	■	17\	11\	■	10\	11\
■	3\4	3	1	\4	1	3	\3	2	1
\10	1	7	2	11\16	9	7	23\4	1	3
\3	2	1	6\21	2	4	1	6	3	5
■	\10	2	1	4	3	17\15	9	4	2
■	■	18\7	2	5	10\9	1	8	15\	16\
■	16\12	9	3	23\16	7	9	\16	7	9
\14	9	5	\16	8	1	7	7\9	2	7
\11	7	4	24\8	6	2	24\8	2	6	■
■	29\	22\16	7	9	11\11	7	4	30\	■
\24	9	7	8	10\21	5	9	1	6	16\
\38	7	5	9	6	3	8	9\16	7	9
\6	5	1	\3	1	2	\17	2	8	7
\17	8	9	\4	3	1	\16	7	9	■

中级训练 60 答案

1. 老鼠，因为只有它不是两栖动物。

2. 256，每一个数字都是它前面两个数字的乘积。

3. 由变换字母顺序而构成的。

4. OH。

5. 1440 分钟。

6. 35 公里。

7. 50 华氏度。

8. $55+45+35=135$　　$99+89+79=267$

$61+49-53=57$

9. S，这是从星期二开始的一个星期内每天的第一个字母。

10. $987+123=1110$　　$55\times4=220$　　$26\times4=104$

11. 星期四。

12. Curry in dog park.

13. 40 美元。

高级训练

高级训练 61

数 独

	3							
8				5		2	6	
9			3				5	
		4			9			1
		7		4		9		
2			1			8		
	5				6			9
	6	8		9				7
							2	

规则非常简单：在 3×3 的格子当中填入 1～9 的数字，使 1～9 每个数字在每一行和每一列只出现一次。

不要盲目猜测，答案是唯一的。如果对解题规则还不确定，可以参考一下答案，看看怎么做。

高级训练 62

下面是关于五个露营者的故事，阅读这个故事，然后在不回看原文的情况下，尽可能多地回答问题，然后再查看原文，答完剩余的问题。

鲍勃，大卫，乔治，苏和凯伦决定去法国露营。他们把行李放进两辆车里，用了 3 个小时到达河边，用了 1 个小时渡船过河，又用了 4 个小时到达了露营地。当他们到达露营地的时候，天已经黑了，所以他们又花了半个小时才找到具体的地点。他们搭完帐篷时，2 个小时又过去了。

第二天早晨，他们醒来后发现营地还有另外 7 个团队，营地附近只有 3 条小河。大卫和苏决定去布鲁克河，其他三个人去了加南河和匹克河（这三条小河是他们命名的，管他呢）。在去的路上，乔治买了一些必需品，花了他随身带着的 50 欧元，只剩了 5 欧元 60 分——在露营地，只够买两杯咖啡！去年的价格比今年低三分之一。

接下来的三天里，他们考察了通向营地的 5 条小路。乔治和凯伦在当地的植物群和动物群中照了二百多张照片。鲍勃认为他们照得太多了，他只照了一卷 36 张。

两天后他们的旅程结束，开始返回。从营地到轮渡是 213 英里，从下了渡船到家是 160 英里。他们晚上到家时已经是晚上 10 点了。

问题：

1. 从下了渡船到搭好帐篷，他们一共花了多长时间？

2. 现在一共有多少个团队呆在营地里？

3. 这个团队给当地的 3 条小河都起了什么名字？

4. 野营的第一天上午，乔治买必需品花了多少钱？

5. 野营地的咖啡去年比现在便宜多少？

6. 哪两个人照了两百多张照片？

7. 度完假之后，他们到家时是几点？

8. 到达营地之后，他们为什么花了一些时间才找到具体位置？

9. 他们共开了几辆车到法国？

10. 在这个团队中，哪两个人在第一天就决定出去查看当地的一条小河？

11. 有几条小路通向营地？

12. 从他们家到渡船的地方，共花了多长时间？

13. 他们回家途中开车的距离是多少？

高级训练 63

数 谜

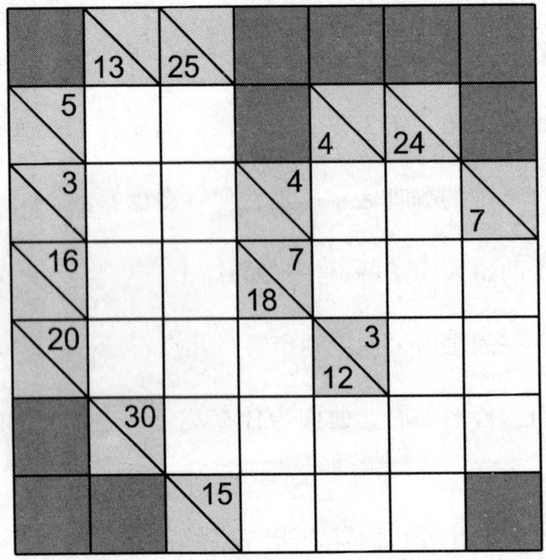

填写空格使连续方格中的数字加起来的总和等于方格上边或左边的数字。只能使用数字 1 ~9，并且同一数字不能出现在未被分割的同一行或一列（同一数字可以出现在不同区域的同一行或同一列）。对角线下面的数字是其下每一竖行的数字之和，对角线上面的数字是右边横行的数字之和。

> 不要盲目猜测，答案是唯一的。如果你不确定已经完全了解了规则，可以快速浏览一下答案，看看怎么做。

高级训练 64

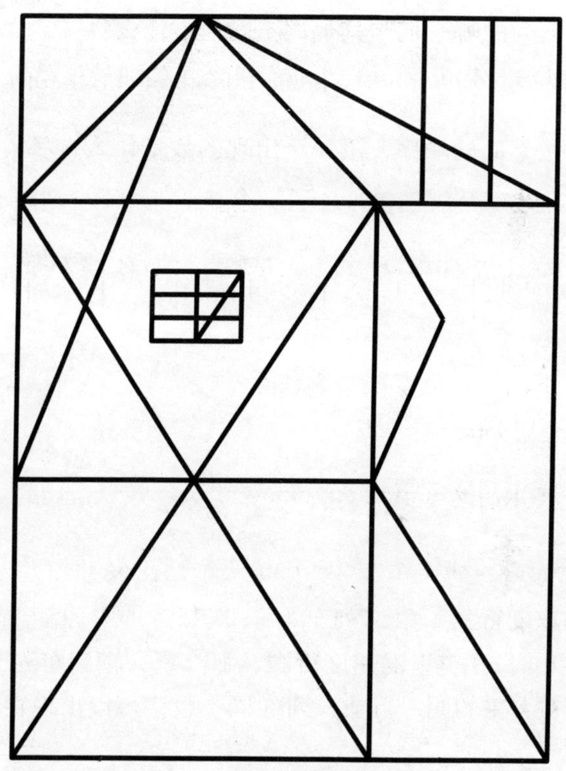

1. 图中共有多少个三角形？
2. 图中共有多少个直角三角形？（◺）
3. 图中有多少个“×”形交叉点？
4. 图中共有多少个矩形？

高级训练 65

1. 下列的哪个词与其他词不同，为什么？

英里　　英亩　　千米　　费隆（英国长度单位）

2. 按下面的顺序，下一个出现的数是什么？

7　8　9　4　5　6　?

3. 如果“右翼”对应“左翼”，那么“左舷”对应什么？

4. 下列哪个数字能被 3 整除？

123　　302　　959

5. 23 小时等于多少分钟？

6. 如果一列火车下午 3: 30 从车站出发并以每小时 50 英里的速度行驶，第二列车下午 3: 45 从同一个车站出发，并以每小时 60 英里的速度行驶，那么哪一辆列车先到达 50 英里以外的车站？

7. 今天是一年中最热的一天，一年中最冷的一天的气温要比今天低 20 摄氏度，但最冷那天的气温要比有史以来的最低气温高 7 摄氏度。今天的气温恰巧比有史以来的最高气温低 7 摄氏度，如果有史以来的最高气温是 29 摄氏度，那么有史以来的最低气温是多少？

8. 完成下列运算：

$13\times12=?$　　　$46\times?=230$　　　$246+357=?$

9. 10进制的数从0到9，再从10到19等等，使用0～9这10个数字。2进制的原理也是一样，但只用两个数字，0和1。即：0（10进制）=0（2进制），1（10进制）=1（2进制），但是，2（10进制）=10（2进制），3（10进制）=11（2进制），4（10进制）=100（2进制）等等。把下面的10进制数字换算成二进制。

5　　7　　8　　15

10. 下一个出现的字母是什么？

A　　E　　F　　H　　I　　？

11. 完成下面的运算：

$0.25\times4=?$　　　$94\times0.5=?$　　　$1/2\times1/2=?$

12. 如果一匹马需要跳15个栅栏来完成一圈比赛，但是这匹马在完成了全程的2/3后就停了下来，并且假设全程是两圈，那么这匹马一共跳了多少个栅栏？

13. 下列哪一个单词或是其可替换的拼写不是单词“retainer”的变位单词？

Aretine　　Eritrean　　Arretine

14. 1到9这9个数字的和是多少？

高级训练 66

B	D	A	Y	T	T	E	R	B	I	U	M	C	R	H
E	L	E	A	D	P	A	L	L	A	D	I	U	M	M
R	L	M	A	Z	L	B	O	R	O	N	T	O	U	U
Y	A	G	I	I	A	O	B	O	E	H	L	N	I	I
L	N	E	T	R	T	U	G	S	E	Y	I	L	N	S
L	T	R	E	C	I	D	R	N	B	M	M	M	I	E
I	H	M	L	O	N	A	I	D	U	U	U	E	L	N
U	A	A	L	N	U	U	E	L	I	I	I	U	O	G
M	N	N	U	I	M	N	A	M	T	S	S	R	D	A
U	U	I	R	U	U	I	Y	N	L	S	O	O	A	M
I	M	U	I	M	Y	D	O	E	S	A	R	P	G	U
B	K	M	U	I	O	R	K	L	A	T	P	I	S	I
O	S	U	M	E	T	C	N	I	Z	O	S	U	I	M
I	R	O	N	S	I	L	V	E	R	P	Y	M	E	S
N	E	S	E	N	A	G	N	A	M	Y	D	M	M	O

下面的金属名字都隐藏在方格里，把它们找出来。

ALUMINUM	LANTHANUM	PLATINUM
ARSENIC	LEAD	POTASSIUM
BERYLLIUM	MAGNESIUM	PRASEODYMIUM
BORON	MANGANESE	RUTHENIUM
DYSPROSIUM	MOLYBDENUM	SILVER
EUROPIUM	NEODYMIUM	STRONTIUM
GADOLINIUM	NICKEL	TELLURIUM
GERMANIUM	NIOBIUM	YTTERBIUM
GOLD	OSMIUM	ZINCZIRCONIUM
IRON	PALLADIUM	

高级训练 67

数　回

3			2	2	3		2	2	
	2		2	0		1	2		
2		2	2		3		3	2	
2	0	3		2		1			2
			1		2	1	3		2
2		3	2	3		1			
1			1		2		3	2	3
	3	2		2		2	2		2
		2	1		2	3		3	
	2	3		2	2	3			2

通过连接纸上的点画一个封闭的环形，其中每个数字代表与之相邻的线段数。相邻的点可以直接用横线或竖线连接，但不能交叉或重叠。

> 不要盲目猜测，答案是唯一的。如果不确定你已经完全了解了规则，可以参考一下答案，看看怎么做。

高级训练 68

数 独

					8		3	4
				6	3		2	
				1	2		8	7
		5					4	
8								1
	7					9		
3	8		2	5				
	1		9	4				
7	4		8					

规则非常简单：在3×3的格子当中填入1～9的数字，使1～9每个数字在每一行和每一列只出现一次。

不要盲目猜测，答案是唯一的。如果对解题规则还不确定，可以参考一下答案，看看怎么做。

高级训练 69

记忆检测

下面是 30 个随机出现的单词，不仅要记住这些单词，而且要记住它们在表格中的位置。注意，下一页没有提示。

Mobile phone	Pen	Television	House	Door
Pen pal	Desk	Lost	Book	Memory
Friend	Silver birch	Fence post	Postman	Tricycle
Trumpet	Golden retriever	Stream	Bicycle	Car park
Monkey	Lemonade	Dressing gown	Teacher	Map
Yacht	Telegraph pole	Politician	London	Tuesday

高级训练 69

看看你能否回忆起所有 30 个单词和它们的位置。

高级训练 70

数　谜

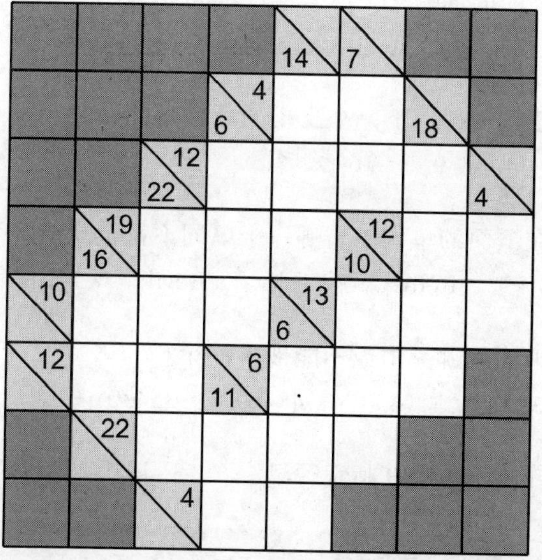

填写空格使连续方格中的数字加起来的总和等于方格上边或左边的数字。只能使用数字1~9，并且同一数字不能出现在未被分割的同一行或一列（同一数字可以出现在不同区域的同一行或同一列）。对角线下面的数字是其下每一竖行的数字之和，对角线上面的数字是右边横行的数字之和。

不要盲目猜测，答案是唯一的。如果你不确定已经完全了解了规则，可以快速浏览一下答案，看看怎么做。

高级训练 71

1. 下面的词哪一个与其他词不同，为什么？

土　　月　　风　　火　　水

2. 根据规律，下一个出现的数字是什么？

1　　4　　9　　16　　?

3. 在下面的单词中，哪一个单词不符合规律？

Levier　　Relive　　Virile　　Revile

4. 下面的哪一个数不能被 5 整除？

19432355　　7450　　48469　　35430

5. 我晚上 10: 30 睡觉，早上 6: 15 起床，我一共睡了多长时间？

6. 如果苏珊以每小时 60 英里的速度行驶 10 分钟，然后以每小时 30 英里的速度再行驶 10 分钟，再以每小时 70 英里的速度行驶 6 分钟，那么她在这 26 分钟里行驶的路程是多少？

7. 悉尼和英国在夏天将时钟都向前拨一个小时，冬天都向后拨一个小时。如果悉尼的夏季时间比英国的冬季时间早 11 个小时。那么，当英国是夏季时，悉尼的冬季时间比英国的时间早多少小时？

8. 完成下列计运算：

200×35% =？　500×95% =？　100×10% ×20% =？

9. 判断对错：

我姐姐的叔叔的妻子的女儿的哥哥是我的堂兄（弟）。

10. 接下来应该出现那个字母？

O　T　T　F　F　S　S　？

11. 完成下列运算：

50－60＋30＝？　99－199＋299＝？　3×7×5＝？

12. 如果我按一下手机的4号键可以选择字母G，按两下选H，按三下选I，按一下8号键选择T，按两下选U，按三下选V。我需要按多少次键才能得到“THIGH”？

13. 下列哪一组词不是同音异形词（发音一样拼写不一样的词）？

Aural & Oral　Write & Right　Bread & Breed　Altar & Alter

14. 判断对错：

如果把你的右手放在左耳上，左手放在左口袋里，然后你照镜子，这时你将看到你的左手放在右耳上，右手放在左口袋里。

高级训练 72

A	R	E	P	O	D	N	A	R	G	D	A	P	K	D
L	E	H	C	S	I	T	T	O	H	C	S	C	U	U
M	N	C	N	Y	V	D	U	M	K	A	I	E	C	O
V	O	B	O	L	E	R	O	O	L	I	O	D	O	H
S	N	T	S	N	R	P	S	M	T	T	V	A	N	U
D	I	V	E	R	T	I	S	S	E	M	E	N	T	M
E	T	N	E	T	I	R	T	H	A	P	R	E	R	O
I	R	T	F	L	M	R	A	E	T	M	T	R	E	R
P	E	R	R	O	E	C	E	D	T	A	U	E	D	E
E	C	I	C	C	N	G	A	E	A	X	R	S	A	S
S	N	O	N	E	T	I	Y	N	L	N	E	T	N	Q
S	O	O	M	E	O	P	E	N	O	T	C	S	S	U
A	C	C	O	N	C	E	R	T	A	N	T	E	E	E
P	C	A	N	Z	O	N	E	T	T	A	K	L	O	P
P	A	S	S	A	C	A	G	L	I	A	G	A	R	O

在方格中找出下面舞蹈的名称。

BOLERO
CANON
CANZONETTA
CONCERTANTE
CONCERTINO
CONCERTSTIICK
CONTRADANCE
CONTREDANSEOR
DIVERTIMENTO
DIVERTISSEMENT
DUMKA
DUO
ELEGY
GRANDOPERA
HUMORESQUE
MASS
MOTET
NONET
OVERTURE
PASSACAGLIA
PASSEPIED
POLKA
PSALM
RAGA
REEL
SCHOTTISCHE
SERENADE
SEXTET
SINFONIETTA
STRATHSPEY
TONEPOEM
TRIO

高级训练73

数 独

		7	2	6	8	1		
	1				7		8	
							3	
		4	6					
	3	2				8	5	
					4	9		
	2							
	5		1				7	
		1	5	3	9	4		

规则非常简单：在3×3的格子当中填入1~9的数字，使1~9每个数字在每一行和每一列只出现一次。

不要盲目猜测，答案是唯一的。如果对解题规则还不确定，可以参考一下答案，看看怎么做。

高级训练 74

大卫写了一首怪诞诗，他花了至少五分钟的时间。看看你能不能在读完一遍之后，就把所有东西都记住。在不回看这首诗的前提下，尽可能多地回答问题。做完之后再回去欣赏诗里的优美旋律，回答剩下的问题。

悔恨

七个月悄悄地流走了
岁月旋转着，受伤着，编织着
又一年，没有情趣
平淡地过去。就这么过去。

九年，又三年，难以形容
自由徜徉，像旗帜被展开
风没能让树枝摇动
每晚如此。令我心痛。

花儿错过了春天的花季
潮水在无尽中等待
在过去深深地定格
被抛在脑后。永远不会寻得。

握紧的双手失去了阻挡的能力
怀着迷惑和热情面对过去
追逐过去，然后又逃避
空间错乱。疯狂的回忆。

毁灭总是掌控一切

拼搏战斗，被打败，被粉碎

迷失但找寻着。时间被偷走。

出现的是羊而不是牛。没有生命，没有节奏。

问题：

1. 大卫描述的“难以形容的”阶段，有多少年？

2. 这首诗有多少小节？

3. 身体的什么部位失去了“阻挡”的能力？

4. 春天里什么出了问题？

5. 有多少小节是以数字开头的？

6. 大卫的诗中，树的什么状况让人困扰？

7. 什么动物代替牛出现了？

8. 多长时间悄悄地流走？

9. 什么在“无尽中等待”？

10. 在每个诗节中，最后两行有什么特别之处？

11. 有一些东西被展开了，是什么？

12. 怀着迷惑和热情面对什么？

13. 每个小节的最后一行，都有几个句点？

14. 大卫写这首诗至少用了多长时间？

15. 这首诗叫什么名字？

高级训练 75

数 回

	2			3	1			2	
3	3	2				3	1	1	
				3			2	1	3
3	2		1	2	0	1	3	2	2
2		2			2		2	1	
	1	2		2			2		2
3	2	2	2	2	1	3		1	2
2	3	2			2				
	2	0	2				1	1	2
	3			2	3			3	

通过连接纸上的点画一个封闭的环形，其中每个数字代表与之相邻的线段数。相邻的点可以直接用横线或竖线连接，但不能交叉或重叠。

> 不要盲目猜测，答案是唯一的。如果不确定你已经完全了解了规则，可以参考一下答案，看看怎么做。

高级训练 76

数 谜

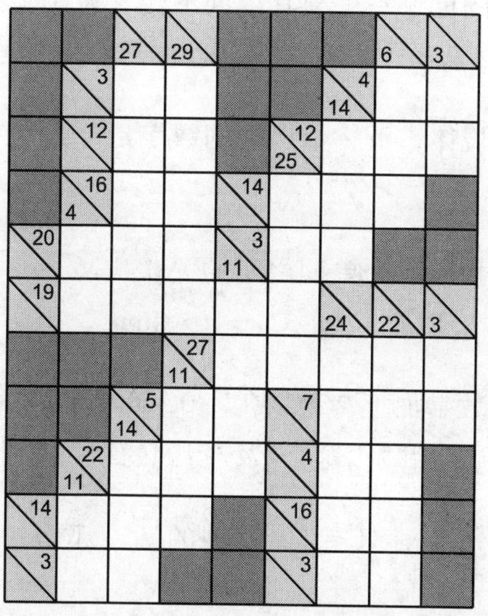

填写空格使连续方格中的数字加起来的总和等于方格上边或左边的数字。只能使用数字 1 ~ 9，并且同一数字不能出现在未被分割的同一行或一列（同一数字可以出现在不同区域的同一行或同一列）。对角线下面的数字是其下每一竖行的数字之和，对角线上面的数字是右边横行的数字之和。

不要盲目猜测，答案是唯一的。如果你不确定已经完全了解了规则，可以快速浏览一下答案，看看怎么做。

高级训练 77

1. 下面的词哪一个与其他词不同，为什么？

小号　　竖笛　　长号　　法国号　　大号

2. 按照规律，下一个出现的数字是什么？

1　　3　　9　　27　　81　　？

3. 你能找出下列单词之间的关联吗？

Whine　　Rhumb　　Coax　　Jinn

4. 一个数字加上 26，乘以 90，再除以 180，得到的结果再乘以 2，最后减去这个数，得到的结果是什么？

5. 如果每小时只有 50 分钟的话，那么一天会短多少分钟？

6. 如果我以每小时 30 英里的速度行驶 6 分钟，然后以每小时 60 英里的速度行驶了 10 分钟，最后又以每小时 30 英里的速度行驶了 4 分钟，在这 20 分钟里我的平均速度是多少？

7. 将摄氏度转成开氏温度需要加上 273。如果现在的气温是 26 摄氏度，并且比历史上这一天的最高温度低 9 开氏度，那么历史上今天的最高气温是多少开氏度？

8. 完成下列运算：

10% ×50% =？　　25% ×1/3 ×1/2 =？　　50 ×45 =？

9. 如果一头大象每天学 4 件事，学会就不会忘记，那么 4 年之后它能学会多少件事？（每四年有一个闰年）

10. 根据规律，下一个字母应该是什么？（Which letter comes next in this pattern?）

W L C N I T ?

11. 完成下列运算：

77 × 11 = ?　　5 × 98 = ?　　103 + 484 = ?

12. 如果一个非常平坦的正方形小岛的表面积是 8100 平方米，那么这个小岛的边长是多少？

13. 下面哪几个词的辅音字母比元音字母多？

Separately　Extremely　Confusing　Muddled　Failure

14. 如果 90% 的时间我都开心，并且我睡觉时是一直开心的，那么我既醒着又不开心的时候所占的百分比是多少？

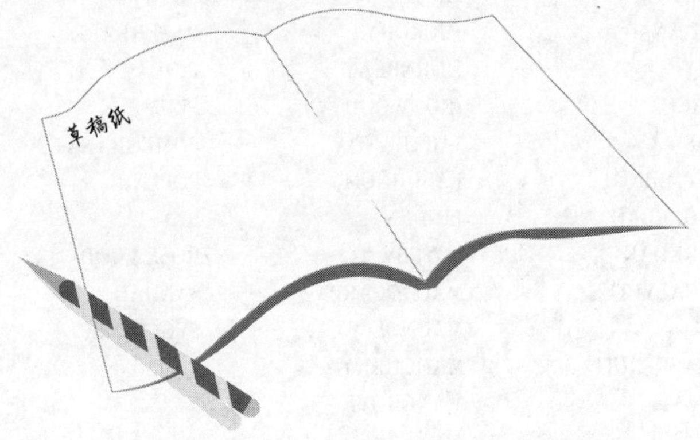

高级训练 78

G	H	M	J	K	O	M	K	A	Y	A	P	A	P	M
H	U	I	A	X	R	A	A	I	L	O	N	G	A	M
A	A	M	C	H	O	A	H	E	M	L	O	C	K	T
W	P	A	A	K	O	B	B	E	B	B	I	R	C	H
T	R	R	R	N	O	G	G	R	A	N	A	N	A	B
H	I	O	A	I	G	R	A	P	E	F	R	U	I	T
O	C	B	N	C	A	R	Y	N	F	P	H	O	Y	E
R	O	U	D	N	O	V	O	I	Y	O	A	A	H	R
N	T	T	A	F	I	R	A	V	M	P	B	P	N	O
S	U	T	P	Y	L	A	C	U	E	L	A	L	E	M
A	E	E	A	I	C	A	C	A	G	A	L	U	D	A
N	I	R	O	N	W	O	O	D	M	R	O	M	N	C
D	E	N	I	P	D	O	O	W	E	S	O	R	I	Y
A	M	U	N	R	U	B	A	L	S	A	C	A	L	S
L	O	T	U	S	M	M	U	L	B	E	R	R	Y	U

挑战此类题目的最高难度：在图中找出以下树木的名字。

ACACIA
APRICOT
BALSA
BANANA
BAY
BIRCH
BOX
BUTTERNUT
COOLABAH
CORKOAK
EUCALYPTUS
FIR
GRAPEFRUIT
GUAVA
GUM
HAWTHORN
HEMLOCK
HICKORY
HORNBEAM
IRONWOOD
JACARANDA
LABURNUM
LINDEN
LOTUS
MACROCARPA
MAGNOLIA
MAHOGANY
MANGROVE
MELALEUCA
MULBERRY
PAPAYA
PAPERBARK
PINE
PLUM
POMEGRANATE
POPLAR
RAFFIA
ROSEWOOD
SANDAL
SYCAMORE

高级训练 79

记忆力测试：

表格中有 30 个政府组成类型的单词。在下一页有一张 30 个空格的表格，尝试回忆这 30 个单词及它们的位置，然后把表格补充完整。

Heptarchy	Monarchy	Tyranny	Democracy	Constitutionalism
Ergatocracy	Absolutism	Communalism	Triarchy	Slavocracy
Squirearchy	Gerontocracy	Hierocracy	Meritocracy	Imperialism
Anarchy	Aristocracy	Plutocracy	Hexarchy	Isocracy
Oligarchy	Pantisocracy	Quangocracy	Technocracy	Hagiocracy
Dictatorship	Corporatism	Bureaucracy	Ochlocracy	Nomocracy

高级训练 79

尝试把你在上一页看过的政府组成类型的名称填入表格中：（只有一个词是多余的，不能填进表格里）

Anarchy
absence of government
Aristocracy
by nobility
Absolutism
by an absolute ruler
Bureaucracy
by officials
Communalism
by self-governing communities
Corporatism
by corporations
Constitutionalism
by constitution
Dictatorship
by a dictator
Democracy
by the people
Ergatocracy
by the workers
Gerontocracy
by old people

Hierocracy
by priests
Hexarchy
by six rulers
Heptarchy
by seven rulers
Hagiocracy
by holy men
Isocracy
by equals
Imperialism
by emperor/empire
Meritocracy
by merit
Monarchy
by monarch
Nomocracy
by rule of law
Oligarchy
by the few
Ochlocracy
by mob

Pantisocracy
by all equally
Plutocracy
by the rich
Ptochocracy
by the poor
Quangocracy
by quangos
Squirearchy
by squires
Slavocracy
by slaveholders
Tyranny
by a tyrant
Technocracy
by experts
Triarchy
by three rulers

高级训练 80

杀手数独

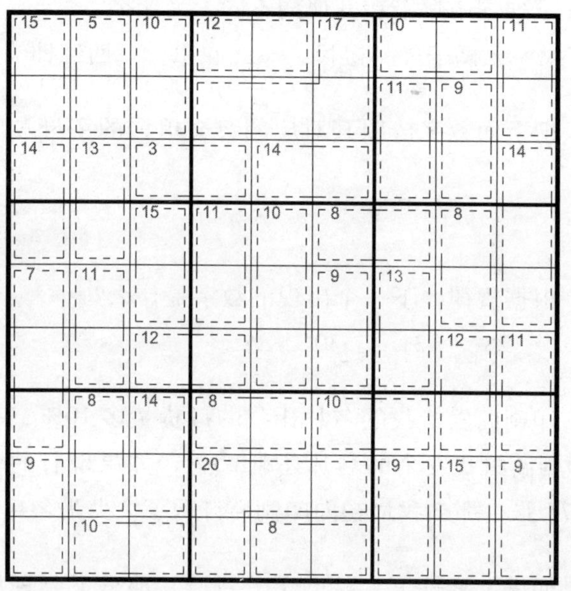

杀手数独是数独与数谜的结合。在 3×3 的格子当中填入 1~9 的数字，使 1~9 每个数字在每一行和每一列只出现一次。另外，在每一个虚线图形中，填入的数字不能重复，且所有填入数字的总和要等于虚线图形左上角的数字。

不要盲目猜测，答案是唯一的。如果你不确定已经完全了解了规则，可以快速浏览一下答案，看看怎么做。

高级训练 81

1. 下列词中哪个和其他词不同，为什么？

苹果　　橘子　　樱桃　　无花果　　西红柿

2. 把下面数字按照其对应的英文单词的字母顺序重新排列。

1　　2　　4　　5　　3　　9

3. 根据规律，下一个出现的数字是什么？

31　　28　　31　　30　　？

4. 印刷商发给我的名片比我的订货量多10%，一年之后，印刷商给我发来的名片还剩25%，如果现有的名片总共是275张，那么我最初向印刷商订购了多少张名片？

5. 如果1毫秒是1秒的千分之一，那么1分钟里有多少毫秒？

6. 我以每小时60英里的速度开车从加的夫到斯温席要行驶40英里，我的朋友乘火车只要行30英里，但中间要停很多站，所以平均速度只有每小时40英里，如果我们同时出发，谁最先到达？

7. 如果现今世界上最热的国家是埃及，它的气温摄氏度数是日本的2倍，日本是格陵兰岛的3倍。冰岛的温度比格陵兰岛温度的1/5还要低3度。那么当埃及的气温是30

摄氏度时，冰岛的气温是多少摄氏度？

8. 完成下面的运算：

$0.5 \times 25 = ?$　　$50 \times 35 = ?$　　$80 \times 700 = ?$

9. 如果一个人在 1878 年的 3 月 13 号出生，在 1953 年的 1 月 2 号去世，那他生前过了多少个生日呢？

10. 按照规律，下一个应该出现的字母是什么？

A　S　D　F　G　?

11. 完成下面的运算：

$300 \times 1/3 \times 80\% \times 1/2 = ?$　　$9 \times 8 \times 7 \times 6 \times 4 \times 2 = ?$

12. 小于 50 的数字中，所有含 1 的数字之和是多少？

13. 下面的一组词中，辅音字母少于元音字母的词有几个？

Three　Five　Twenty　Seven　Four　Six

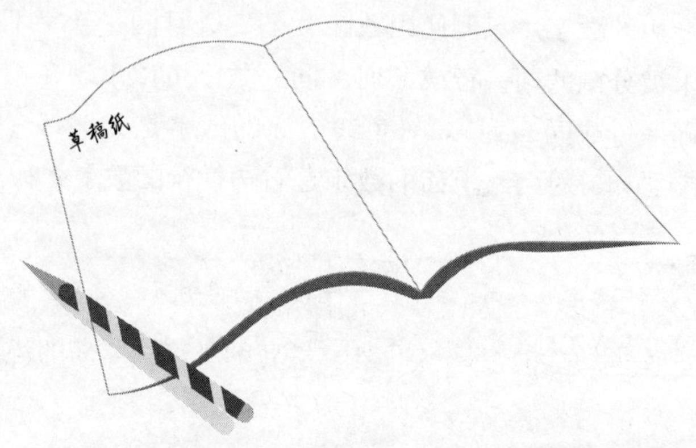

高级训练 82

数 谜

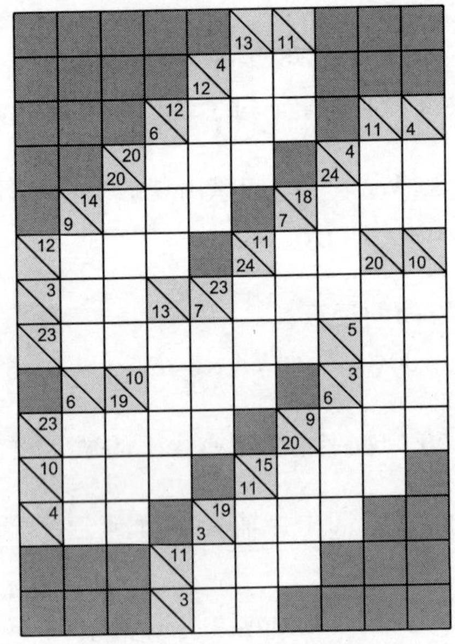

填写空格使连续方格中的数字加起来的总和等于方格上边或左边的数字。只能使用数字 1 ~9，并且同一数字不能出现在未被分割的同一行或一列（同一数字可以出现在不同区域的同一行或同一列）。对角线下面的数字是其下每一竖行的数字之和，对角线上面的数字是右边横行的数字之和。

不要盲目猜测，答案是唯一的。如果你不确定已经完全了解了规则，可以快速浏览一下答案，看看怎么做。

高级训练83

数 墙

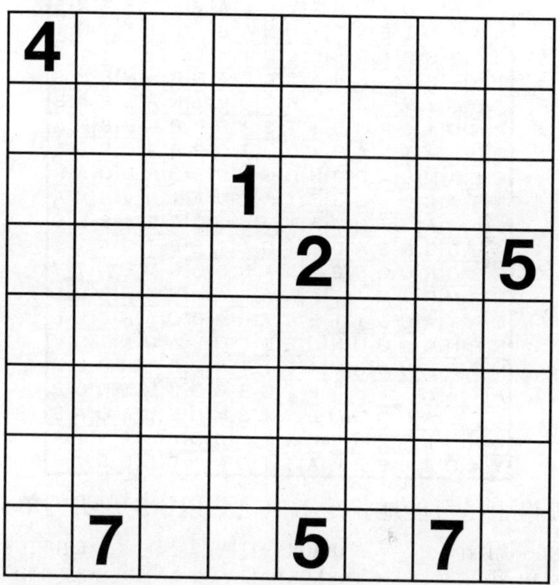

将方格内的部分小正方格涂黑，有数字的正方形不得涂黑，每个数字代表该数字四周白色方格的数目，空白方格不能互相连成一条水平的或垂直的线，涂黑的方格必须组成一片连续不断的区域，并且黑色方格不能形成 2×2 的正方形。

不要盲目猜测，答案是唯一的。如果你不确定已经完全了解了规则，可以快速浏览一下答案，看看怎么做。

高级训练 84

C	A	B	S	U	R	D	I	T	Y	L	L	A	M	S	Y	B	A	N	L
N	A	B	S	T	E	N	T	I	O	N	A	B	I	L	I	T	Y	O	I
O	O	B	S	C	A	B	S	O	L	U	T	E	L	Y	I	S	C	I	E
I	N	I	S	T	A	B	R	A	C	A	D	A	B	R	A	M	N	S	S
T	D	O	T	T	I	B	R	A	B	D	O	M	I	N	A	L	E	A	B
A	N	R	I	C	R	N	D	I	T	S	A	E	R	B	A	D	B	R	A
G	U	E	A	T	U	A	E	I	D	U	T	O	B	B	A	O	R	B	B
E	O	A	M	B	A	D	C	N	C	G	I	R	O	O	R	D	O	A	R
N	B	A	B	E	U	G	B	T	T	A	E	U	A	I	N	V	S	M	A
B	A	A	A	S	T	N	O	A	I	V	T	M	G	C	E	A	B	S	S
A	B	B	B	N	E	A	D	R	I	O	A	I	E	B	T	B	A	I	I
B	S	O	R	O	O	N	B	A	B	A	N	D	O	N	M	E	N	T	V
N	O	M	O	I	M	I	T	A	N	A	B	A	A	N	T	R	D	U	E
O	R	I	A	O	D	I	T	E	L	T	R	A	B	O	A	R	D	L	L
R	P	N	D	B	O	G	N	U	E	D	L	G	S	A	U	A	I	O	Y
M	T	A	B	N	O	R	M	A	L	I	T	Y	C	E	T	N	B	S	E
A	I	B	A	B	L	E	R	E	T	O	S	B	O	B	M	T	N	B	B
L	O	L	A	B	D	O	M	E	N	I	S	M	N	B	U	E	O	A	B
L	N	Y	L	T	P	U	R	B	A	T	O	B	D	B	G	A	N	I	A
Y	A	O	A	B	E	R	R	A	T	I	O	N	A	B	L	E	S	T	R

在表格中尽可能地找出下面这些以 AB 开头的单词。

ABANDONMENT
ABASEMENT
ABATEMENT
ABATTOIR
ABBEY
ABBOT
ABBREVIATION
ABDICATION
ABDOMEN
ABDOMINAL
ABDUCTION
ABERRANT
ABERRATION
ABILITY
ABLER
ABLEST
ABNEGATION
ABNORMALITY
ABNORMALLY
ABOARD
ABOMINABLY
ABOMINATION
ABORIGINAL
ABOUND
ABOUT
ABOVEBOARD
ABRACADABRA
ABRASION
ABRASIVELY
ABREAST
ABRIDGEMENT
ABRIDGMENT
ABROAD
ABROGATION
ABRUPTLY
ABSCOND
ABSEIL
ABSENTEEISM
ABSOLUTELY
ABSOLUTION
ABSOLUTISM
ABSORBENCY
ABSORPTION
ABSTENTION
ABSTINENT
ABSTRACTEDLY
ABSTRACTION
ABSURDITY
ABUNDANTLY
ABUT
ABYSMALLY

高级训练 85

记忆力测试

尝试记住表格中这 24 位历史人物的名字和位置，然后把它们写在下一页的空格里。注意，下一页给的提示非常少。

Alexander the Great	Martin Luther	Mahatma Gandhi	Socrates
Marco Polo	Napoleon Bonaparte	Geronimo	George Washington
Boudicca	Guy Fawkes	Attila the Hun	Henry VIII
Billy the Kid	Leon Trotsky	Robert the Bruce	Joseph Stalin
Winston Churchill	Horatio Nelson	Julius Caesar	Charlemagne
Davy Crockett	Walter Raleigh	Yuri Gagarin	Florence Nightingale

高级训练 85

现在尝试把人名填进表格。

	M		
		G	
			H
B			
	H		
	W		

高级训练 86

杀手数独

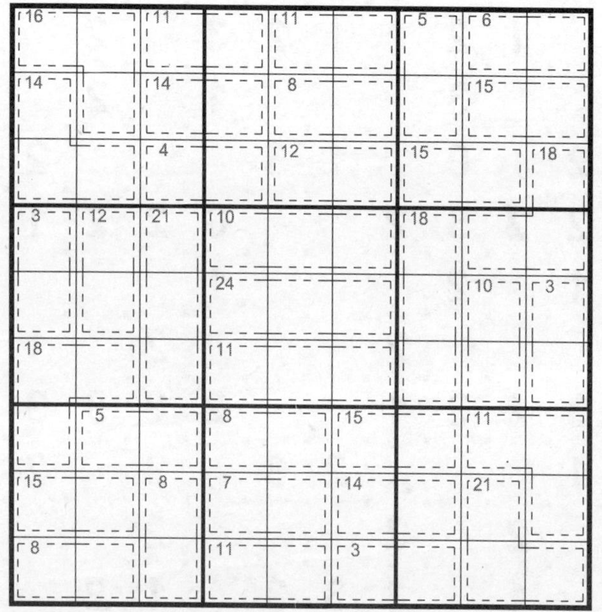

杀手数独是数独与数谜的结合。在 3×3 的格子当中填入 1~9 的数字，使 1~9 每个数字在每一行和每一列只出现一次。另外，在每一个虚线图形中，填入的数字不能重复，且所有填入数字的总和要等于虚线图形左上角的数字。

不要盲目猜测，答案是唯一的。如果你不确定已经完全了解了规则，可以快速浏览一下答案，看看怎么做。

高级训练 87

数回

	1	2		1	2	3		2	
		3				1		2	
2		0		1	3				2
2	2	3	2			0	2	2	1
1		2				1			
			2				2		1
3	2	3	1			2	2	3	3
1				2	3		3		2
	2		2				2		
	1		3	3	3		1	2	

通过连接纸上的点画一个封闭的环形，其中每个数字代表与之相邻的线段数。相邻的点可以直接用横线或竖线连接，但不能交叉或重叠。

> 不要盲目猜测，答案是唯一的。如果不确定你已经完全了解了规则，可以参考一下答案，看看怎么做。

高级训练 88

S	A	M	O	A	R	G	E	N	T	I	N	A	I	N	A	Z	N	A	T
A	L	E	U	Z	E	N	E	V	A	E	U	Q	I	B	M	A	Z	O	M
U	A	I	S	E	N	O	D	N	I	P	A	K	I	S	T	A	N	E	P
G	M	G	R	R	S	E	Y	C	H	E	L	L	E	S	K	O	R	E	A
A	E	U	Z	B	E	K	I	S	T	A	N	S	H	U	P	O	B	A	L
R	T	E	N	A	T	S	Z	Y	G	R	Y	K	V	R	P	I	O	I	A
A	A	R	K	I	M	A	U	R	I	T	A	N	I	A	P	S	T	S	U
C	U	N	S	J	E	U	R	E	P	Z	U	I	G	C	L	H	S	S	A
I	G	S	D	A	T	T	I	R	A	Q	O	N	L	S	U	B	W	U	I
N	G	E	N	N	K	R	S	K	E	G	I	B	R	A	L	T	A	R	N
E	P	Y	A	F	G	H	A	N	I	S	T	A	N	G	R	E	N	R	O
P	H	I	L	I	P	P	I	N	E	S	T	I	M	A	L	T	A	M	D
A	T	U	R	K	M	E	N	I	S	T	A	N	N	D	M	L	S	A	E
L	U	X	E	M	B	O	U	R	G	N	H	S	O	A	A	I	Z	U	C
E	R	F	H	A	K	R	O	T	I	R	I	C	N	M	U	H	B	R	A
S	K	I	T	A	B	I	R	I	K	A	I	S	E	N	O	R	C	I	M
T	E	J	E	I	T	D	N	A	L	R	E	Z	T	I	W	S	U	T	A
I	Y	I	N	A	T	S	I	K	I	J	A	T	T	R	L	E	U	I	N
N	D	N	A	L	I	L	A	M	O	S	A	F	A	N	I	K	R	U	B
E	T	H	I	O	P	I	A	H	S	E	D	A	L	G	N	A	B	S	C

找出方格内隐藏的国家名称。

AFGHANISTAN
AKROTIRI
ARGENTINA
AUSTRALIA
AZERBAIJAN
BANGLADESH
BOTSWANA
BURKINAFASO
CHAD
ETHIOPIA
FIJI
GIBRALTAR
GUATEMALA
GUERNSEY
INDONESIA
IRAQ
KAZAKHSTAN
KIRIBATI
KOREA
KYRGYZSTAN
LIECHTENSTEIN
LITHUANIA
LUXEMBOURG
MACEDONIA
MADAGASCAR
MALTA
MAURITANIA
MAURITIUS
MICRONESIA
MONTSERRAT
MOZAMBIQUE
NAMIBIA
NAURU
NEPAL
NETHERLANDS
NICARAGUA
NIUE
PAKISTAN
PALAU
PALESTINE
PERU
PHILIPPINES
RUSSIA
SAMOA
SEYCHELLES
SINGAPORE
SOMALILAND
SPAIN
SVALBARD
SWITZERLAND
TAJIKISTAN
TANZANIA
TRANSNISTRIA
TURKEY
TURKMENISTAN
UZBEKISTAN
VENEZUELA

高级训练 89

数 谜

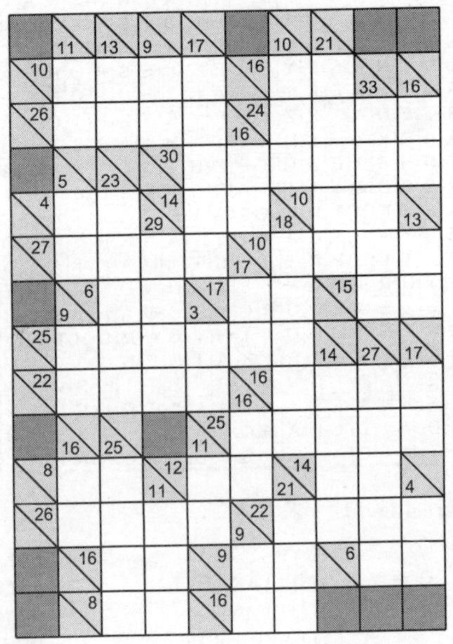

填写空格使连续方格中的数字加起来的总和等于方格上边或左边的数字。只能使用数字 1 ~9，并且同一数字不能出现在未被分割的同一行或一列（同一数字可以出现在不同区域的同一行或同一列）。对角线下面的数字是其下每一竖行的数字之和，对角线上面的数字是右边横行的数字之和。

不要盲目猜测，答案是唯一的。如果你不确定已经完全了解了规则，可以快速浏览一下答案，看看怎么做。

高级训练 90

1. 下列词中哪一个与其他词不同，为什么？

碳　氢　氦　青铜　铜

2. 按照规律，下一个数字应该是什么？

1　10　11　100　101　？

3. 下列词中哪个与其他词不同，为什么？

跑步　跳跃　走步　滚动　慢跑

4. 这些数字中哪一个不符合规律？

351　423　711　262　180

5. 在 1/2 个星期中共有多少秒？

6. 从剑桥到伦敦的高速列车上午 10: 30 出发，平均速度为每小时 90 英里，较慢的普通列车上午 10: 15 出发走同一路线，但平均速度为每小时 60 英里。如果总路程是 60 英里，那么高速列车比普通列车早多少分钟到达伦敦？

7. 全球气候变暖导致海平面高度随着平均气温的升高而上升——气温每升高 0.5 摄氏度，海平面上升 1 厘米。如果 40 年间平均气温升高了 5 摄氏度，那么海平面上升了多少？

8. 完成以下计算：

123 + 456 + 789 = ?　　963 × 3 = ?　　145 × 5 = ?

9. 判断对错：

如果按字母顺序重新排列星期数，星期一（Monday）后面仍然是星期二（Tuesday）。

10. 按照规律，下一个应该出现的字母是什么？

J　F　M　A　M　J　J　？

11. 完成下列计算：

120 × 80% = ?　　　2 × 58275 × 0.5 = ?

200 × 78% × 100% = ?

12. 抽屉里有四双不同的手套，需要从抽屉中至少拿出多少只手套才能确保有两双相匹配的手套？

13. 如果我将一枚硬币投掷六次，每次都猜对正反面的几率是多少？

14. 我认为自己是个幸运的人，所以我在一个赌场下注50英磅赌“红色”。在转板上共有数字0到36的数字，其中18个是红色的，那么我赢的机会与猜硬币的机会相比是大还是小？

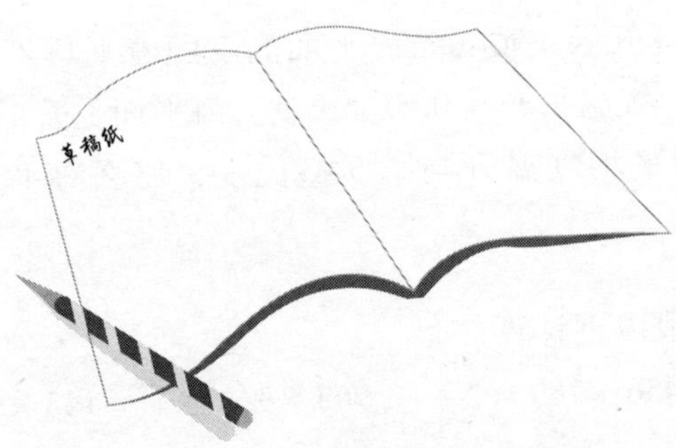

高级训练答案

高级训练 61 答案

4	3	5	6	2	1	7	9	8
8	7	1	9	5	4	2	6	3
9	2	6	3	7	8	1	5	4
5	8	4	2	3	9	6	7	1
6	1	7	8	4	5	9	3	2
2	9	3	1	6	7	8	4	5
7	5	2	4	1	6	3	8	9
3	6	8	5	9	2	4	1	7
1	4	9	7	8	3	5	2	6

高级训练 62 答案

1. 6.5 小时。

2. 8 个，包括故事中的那个团队。

3. 布鲁克河，加南河，匹克河。

4. 44 欧元 40 分。

5. 便宜了三分之一。

6. 乔治和凯伦。

7. 10 点。

8. 因为天黑了。

9. 两辆。

10. 大卫和苏。

11. 5 条。

12. 3 个小时。

13. 373 英里。

高级训练63答案

	13	25				
5	1	4		4	24	
3	2	1	4	3	1	7
16	7	9	7 / 18	1	4	2
20	3	8	9	3 / 12	2	1
	30	3	6	8	9	4
		15	3	4	8	

高级训练64答案

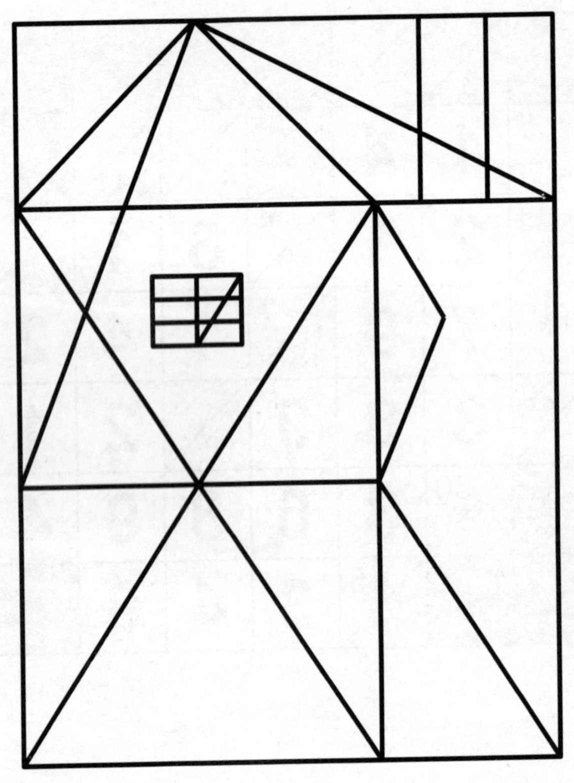

1. 至少有30个。
2. 至少有13个。
3. 7个。
4. 至少有28个。

高级训练 65 答案

1. 千米，这是唯一一个非英国皇家度量单位。

2. 1。这是电脑键盘上的数字从上至下横着读的顺序。

3. 右舷。

4. 123。

5. 1380 分钟。

6. 第一辆列车。第一辆下午 4:30 到达，第二辆 4:35 到达。

7. -5 摄氏度。

8. $13\times12=156$　　$46\times5=230$　　$246+357=603$

9. 101　　111　　1000　　1111

10. K。这些字母都是书写时没有弧度的大写字母。

11. $0.25\times4=1$　　$94\times0.5=47$　　$1/2\times1/2=1/4$

12. 19 个栅栏。

13. Aretine。

14. 45。

高级训练 66 答案

B D A Y T T E R B I U M C R H
E L E A D P A L L A D I U M M
R L M A Z L B O R O N T O U U
Y A G I I A O B O E H L N I I
L N E T R T U G S E Y I L N S
L T R E C I D R N B M M M I E
I H M L O N A I D U U U E L N
U A A L N U U E L I I I U O G
M N N U I M N A M T S S R D A
U U I R U U I Y N L S O O A M
I M U I M Y D O E S A R P G U
B K M U I O R K L A T P I S I
O S U M E T C N I Z O S U I M
I R O N S I L V E R P Y M E S
N E S E N A G N A M Y D M M O

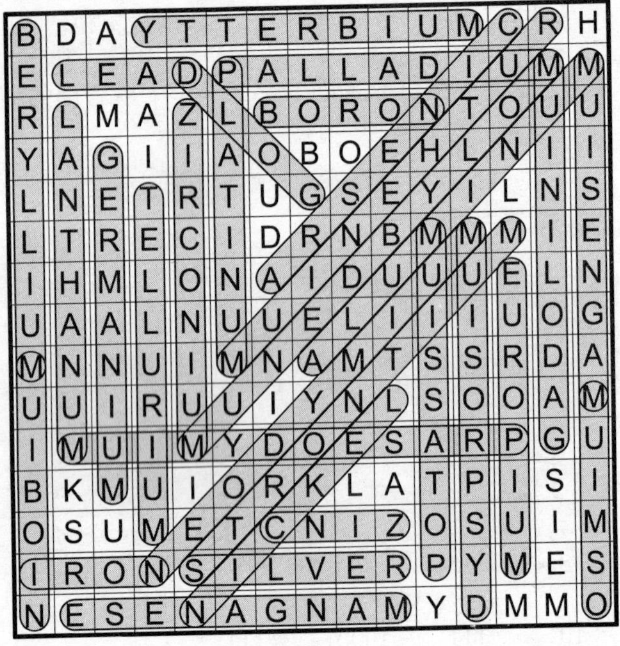

高级训练 67 答案

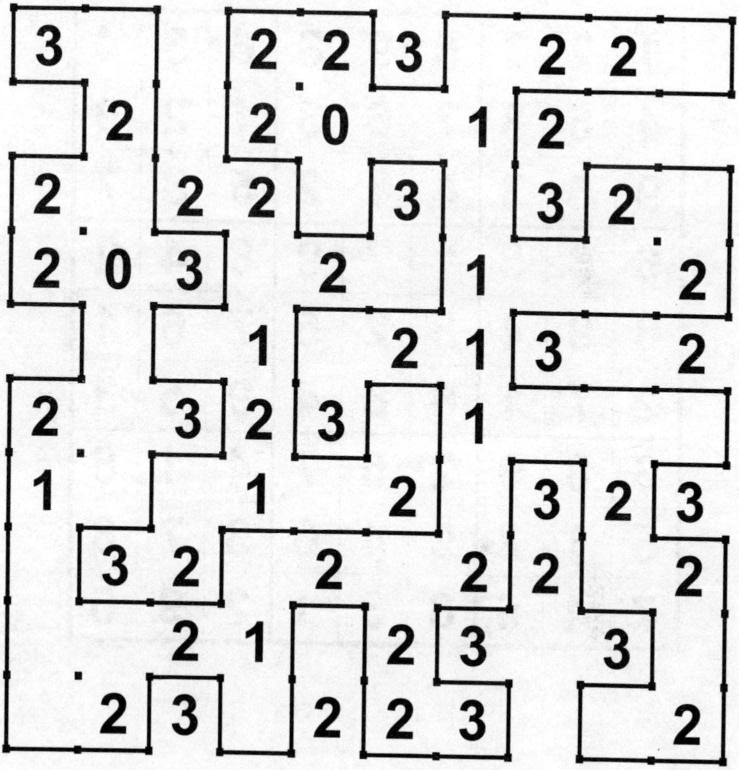

3			2	2	3		2	2	
	2		2	0		1	2		
2		2	2		3		3	2	
2	0	3		2		1			2
			1		2	1	3		2
2		3	2	3		1			
1			1		2		3	2	3
	3	2		2		2	2		2
		2	1		2	3		3	
	2	3		2	2	3			2

高级训练68答案

1	2	7	5	9	8	6	3	4
4	5	8	7	6	3	1	2	9
9	6	3	4	1	2	5	8	7
6	3	5	1	7	9	8	4	2
8	9	4	3	2	5	7	6	1
2	7	1	6	8	4	9	5	3
3	8	9	2	5	7	4	1	6
5	1	2	9	4	6	3	7	8
7	4	6	8	3	1	2	9	5

高级训练 70 答案

				14\	7\		
			6\4	3	1	18\	
		22\12	3	2	6	1	4\
	16\19	8	2	9	10\12	9	3
\10	7	2	1	6\13	7	5	1
\12	9	3	11\6	2	1	3	
	\22	9	8	3	2		
		\4	3	1			

高级训练 71 答案

1. 月，只有它不属于古代四元素（土，火，空气，水）。

2. 25，它们是平方数：$1\times1=1$，$2\times2=4$，$3\times3=9$，等等。

3. Virile，其他三个都互为变位词。

4. 48469。

5. 7 小时 45 分钟。

6. 22 英里。

7. 早 9 小时。

8. $200\times35\%=70$　　$500\times95\%=475$

$100\times10\%\times20\%=2$

9. 对。

10. E。它们是数字 1，2，3，4，5，6，7 等英文拼写的首字母。

11. $50-60+30=20$　　$99-199+299=199$

$3\times7\times5=105$

12. 9 次。

13. Bread & Breed。

14. 错。你的手在右面口袋里。

高级训练 72 答案

A R E P O D N A R G D A P K D
L E H C S I T T O H C S C U U
M N C N Y V D U M K A I E C O
V O B O L E R O O L I O D O H
S N T S N R P S M T T V A N U
D I V E R T I S S E M E N T M
E T N E T I R T H A P R E R O
I R T F L M R A E T M T R E R
P E R R O E C E D T A U E D E
E C I C C N G A E A X R S A S
S N O N E T I Y N L N E T N Q
S O O M E O P E N O T C S S U
A C C O N C E R T A N T E E E
P C A N Z O N E T T A K L O P
P A S S A C A G L I A G A R O

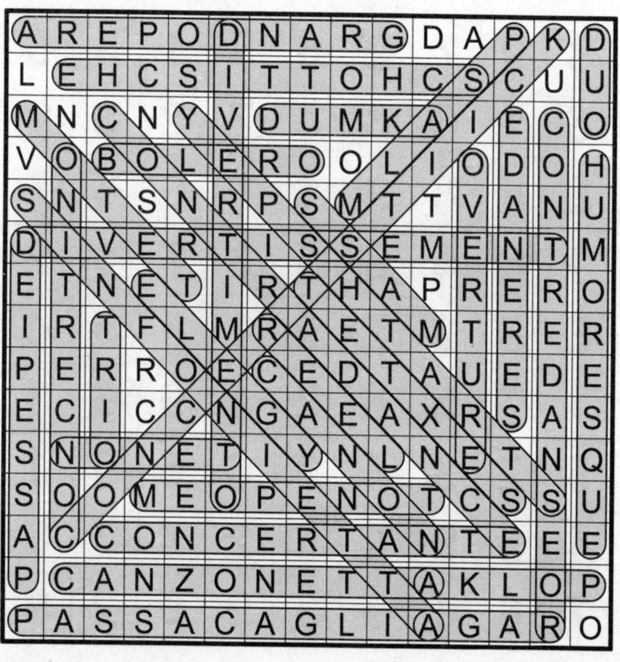

高级训练 73 答案

3	9	7	2	6	8	1	4	5
5	1	6	3	4	7	2	8	9
2	4	8	9	1	5	6	3	7
9	8	4	6	5	3	7	1	2
6	3	2	7	9	1	8	5	4
1	7	5	8	2	4	9	6	3
8	2	3	4	7	6	5	9	1
4	5	9	1	8	2	3	7	6
7	6	1	5	3	9	4	2	8

高级训练 74 答案

1. 12 年。

2. 5 小节。

3. 双手。

4. 花。

5. 2 个。

6. 风没能摇动树枝。

7. 羊。

8. 7 个月。

9. 潮水。

10. 押尾韵。

11. 旗帜。

12. 过去。

13. 2 个。

14. 5 分钟。

15. 悔恨。

高级训练 75 答案

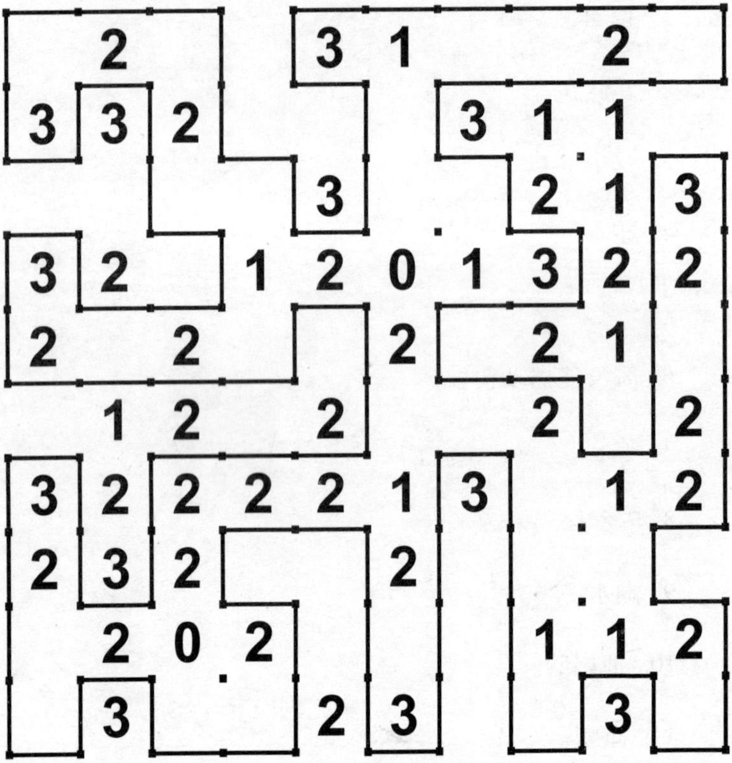

<table>
<tr><td></td><td>2</td><td></td><td></td><td>3</td><td>1</td><td></td><td></td><td>2</td><td></td></tr>
<tr><td>3</td><td>3</td><td>2</td><td></td><td></td><td></td><td>3</td><td>1</td><td>1</td><td></td></tr>
<tr><td></td><td></td><td></td><td></td><td>3</td><td></td><td></td><td>2</td><td>1</td><td>3</td></tr>
<tr><td>3</td><td>2</td><td></td><td>1</td><td>2</td><td>0</td><td>1</td><td>3</td><td>2</td><td>2</td></tr>
<tr><td>2</td><td></td><td>2</td><td></td><td></td><td>2</td><td></td><td>2</td><td>1</td><td></td></tr>
<tr><td></td><td>1</td><td>2</td><td></td><td>2</td><td></td><td></td><td>2</td><td></td><td>2</td></tr>
<tr><td>3</td><td>2</td><td>2</td><td>2</td><td>2</td><td>1</td><td>3</td><td></td><td>1</td><td>2</td></tr>
<tr><td>2</td><td>3</td><td>2</td><td></td><td></td><td>2</td><td></td><td></td><td></td><td></td></tr>
<tr><td></td><td>2</td><td>0</td><td>2</td><td></td><td></td><td></td><td>1</td><td>1</td><td>2</td></tr>
<tr><td></td><td>3</td><td></td><td></td><td>2</td><td>3</td><td></td><td></td><td>3</td><td></td></tr>
</table>

高级训练 76 答案

		27\	29\				6\	3\
	\3	1	2			14\4	3	1
	\12	4	8		25\12	9	1	2
	4\16	9	7	\14	9	3	2	
\20	3	8	9	11\3	1	2		
\19	1	5	3	2	8	24\	22\	3\
			11\27	1	7	8	9	2
		14\5	2	3	\7	4	2	1
	11\22	9	8	5	\4	1	3	
\14	9	4	1		\16	9	7	
\3	2	1			\3	2	1	

高级训练 77 答案

1. 竖笛，只有竖笛不属于铜管乐器。

2. 243。每个数字是前一个的三倍。

3. 他们都是这些饮料名称的同音异形词：Wine，Rum，Cokes，Gin

4. 26。

5. 240 分。

6. 每小时 45 英里。

7. 308 开氏度。

8. $10\% \times 50\% = 5\%$ $25\% \times 1/3 \times 1/2 = 1/24$
$50 \times 45 = 2250$

9. 5844 件事。聪明的大象!

10. P。它是题目中每个单词的首字母。

11. $77 \times 11 = 847$ $5 \times 98 = 490$ $103 + 484 = 587$

12. 90 米。

13. 4 个，除了 Failure 都是。

14. 10%。

高级训练 78 答案

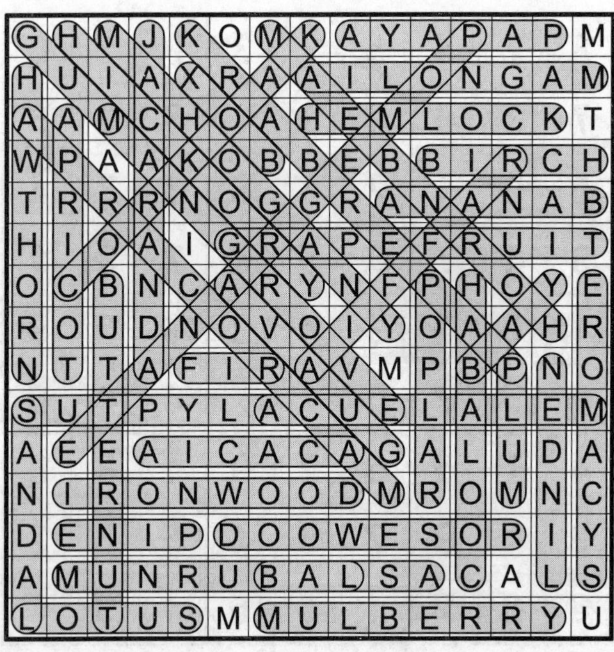

高级训练 80 答案

[15] 8	[5] 2	[10] 4	[12] 5	7	[17] 3	[10] 9	1	[11] 6
7	3	6	4	9	1	[11] 8	[9] 2	5
[14] 5	[13] 9	[3] 1	2	[14] 6	8	3	7	[14] 4
9	4	[15] 7	[11] 8	[10] 5	[8] 6	2	[8] 3	1
[7] 1	[11] 6	8	3	4	[9] 2	[13] 7	5	9
2	5	[12] 3	9	1	7	6	[12] 4	[11] 8
4	[8] 7	[14] 5	[8] 6	2	[10] 9	1	8	3
[9] 3	1	9	[20] 7	8	4	[9] 5	[15] 6	[9] 2
6	[10] 8	2	1	[8] 3	5	4	9	7

高级训练 81 答案

1. 西红柿，只有它不长在树上。

2. 5，4，9，1，3，2。Five，Four，Nine，One，Three，Two.

3. 31。这是一月，二月，三月，四月每个月的天数。

4. 1000 张。

5. 60000 毫秒。

6. 我开车需要 40 分钟，我的朋友乘火车需要 45 分钟，所以我最先到达。

7. 冰岛是 -2 摄氏度。

8. $0.5\times25=12.5$　$50\times35=1750$　$80\times700=56000$

9. 74 个生日。

10. H。这是标准英文打字键盘上英文字母的第二行从左至右的顺序。

11. $300\times1/3\times80\%\times1/2=40$

$9\times8\times7\times6\times4\times2=24192$

12. 230。$(1+10+11+\cdots+18+19+21+31+41)$

13. 一个都没有。

高级训练 82 答案

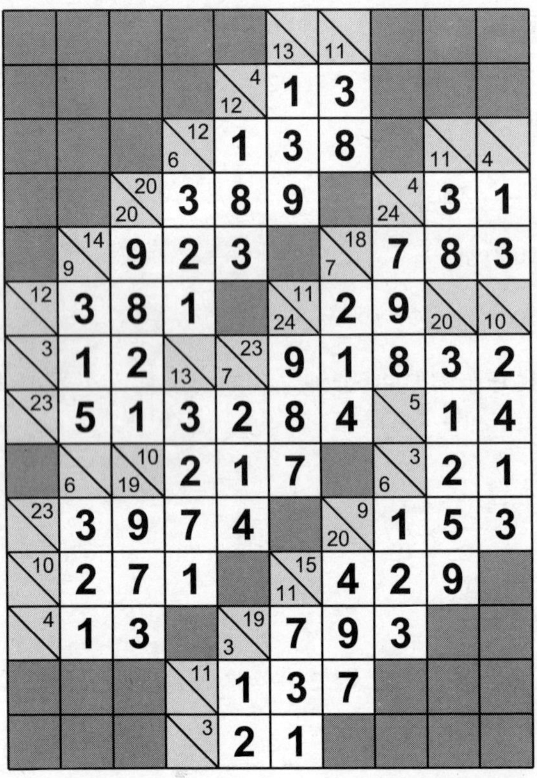

高级训练 83 答案

高级训练84答案

C A B S U R D I T Y L L A M S Y B A N L
N A B S T E N T I O N A B I L I T Y O I
O O B S C A B S O L U T E L Y I S C I E
I N I S T A B R A C A D A B R A M N S S
T D O T T I B R A B D O M I N A L E A B
A N R I C R N D I T S A E R B A D B R A
G U E A T U A E I D U T O B B A O R B B
E O A M B A D C N C G I R O O R D O A R
N B A B E U G B T T A E U A I N V S M A
B A A A S T N O A I V T M G C E A B S S
A B B B N E A D R I O A I E B T B A I I
B S O R O O N B A B A N D O N M E N T V
N O M O I M I T A N A B A A N T R D U E
O R I A O D I T E L T R A B O A R D L L
R P N D B O G N U E D L G S A U A I O Y
M T A B N O R M A L I T Y C E T N B S E
A I B A B L E R E T O S B O B M T N B B
L O L A B D O M E N I S M N B U E O A B
L N Y L T P U R B A T O B D B G A N I A
Y A O A B E R R A T I O N A B L E S T R

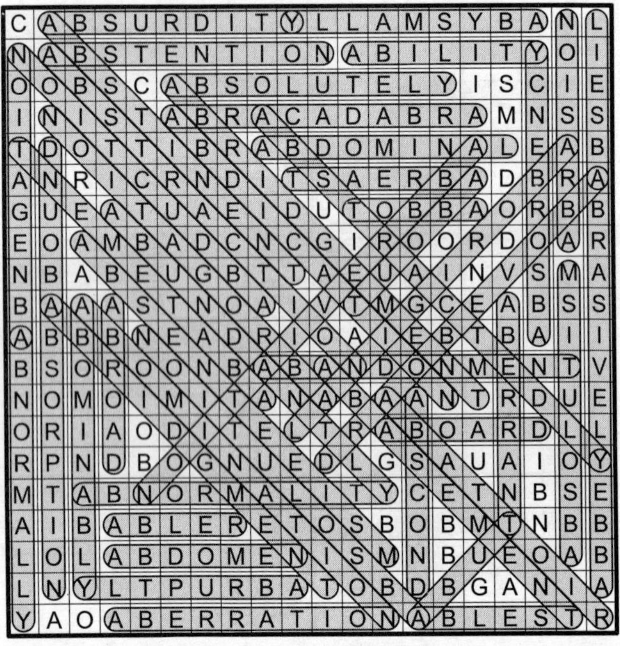

高级训练 86 答案

6	9	7	4	8	3	2	1	5
4	1	5	9	2	6	3	8	7
8	2	3	1	7	5	9	6	4
2	7	8	3	6	1	4	5	9
1	5	4	8	9	7	6	3	2
3	6	9	2	5	4	8	7	1
9	4	1	5	3	8	7	2	6
7	8	2	6	1	9	5	4	3
5	3	6	7	4	2	1	9	8

高级训练 87 答案

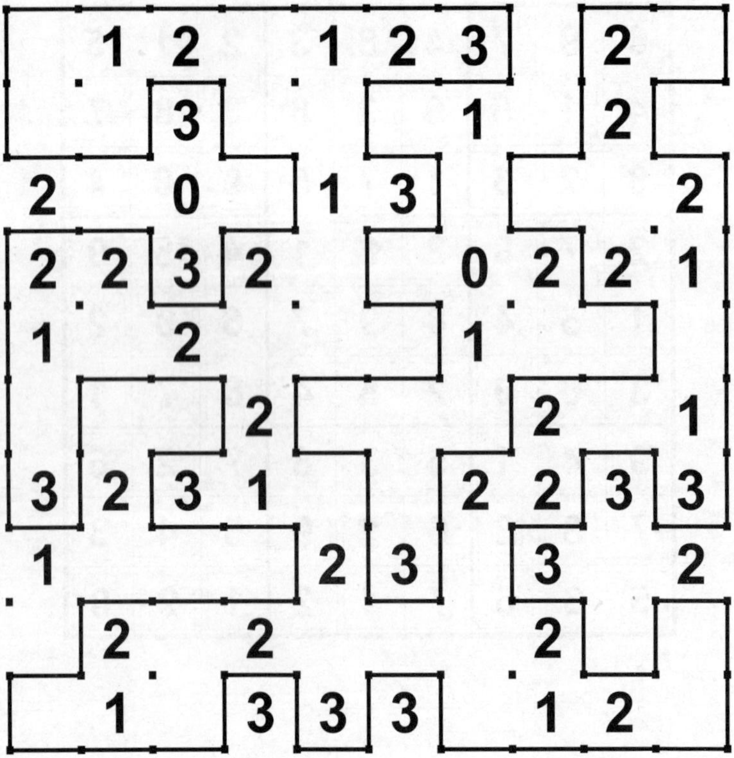

	1	2		1	2	3		2	
		3				1		2	
2		0		1	3				2
2	2	3	2			0	2	2	1
1		2				1			
			2				2		1
3	2	3	1			2	2	3	3
1				2	3		3		2
	2		2				2		
	1		3	3	3		1	2	

高级训练 88 答案

S	A	M	O	A	R	G	E	N	T	I	N	A	I	N	A	Z	N	A	T
A	L	E	U	Z	E	N	E	V	A	E	U	Q	I	B	M	A	Z	O	M
U	A	I	S	E	N	O	D	N	I	P	A	K	I	S	T	A	N	E	P
G	M	G	R	R	S	E	Y	C	H	E	L	L	E	S	K	O	R	E	A
A	E	U	Z	B	E	K	I	S	T	A	N	S	H	U	P	O	B	A	L
R	T	E	N	A	T	S	Z	Y	G	R	Y	K	V	R	P	I	O	I	A
A	A	R	K	I	M	A	U	R	I	T	A	N	I	A	P	S	T	S	U
C	U	N	S	J	E	U	R	E	P	Z	U	I	G	C	L	H	S	S	A
I	G	S	D	A	T	T	I	R	A	Q	O	N	L	S	U	B	W	U	I
N	G	E	N	N	K	R	S	K	E	G	I	B	R	A	L	T	A	R	N
E	P	Y	A	F	G	H	A	N	I	S	T	A	N	G	R	E	N	R	O
P	H	I	L	I	P	P	I	N	E	S	T	I	M	A	L	T	A	M	D
A	T	U	R	K	M	E	N	I	S	T	A	N	N	D	M	L	S	A	E
L	U	X	E	M	B	O	U	R	G	N	H	S	O	A	A	I	Z	U	C
E	R	F	H	A	K	R	O	T	I	R	I	C	N	M	U	H	B	R	A
S	K	I	T	A	B	I	R	I	K	A	I	S	E	N	O	R	C	I	M
T	E	J	E	I	T	D	N	A	L	R	E	Z	T	I	W	S	U	T	A
I	Y	I	N	A	T	S	I	K	I	J	A	T	T	R	L	E	U	I	N
N	D	N	A	L	I	L	A	M	O	S	A	F	A	N	I	K	R	U	B
E	T	H	I	O	P	I	A	H	S	E	D	A	L	G	N	A	B	S	C

高级训练 89 答案

	11\	13\	9\	17\		10\	21\		
\10	3	4	2	1	\16	7	9	33\	16\
\26	8	9	7	2	16\24	2	6	9	7
	5\	23\	\30	3	7	1	2	8	9
\4	1	3	29\14	5	9	18\10	3	7	13\
\27	4	8	9	6	17\10	2	1	3	4
	9\6	1	5	3\17	9	8	\15	6	9
\25	3	4	7	2	8	1	14\	27\	17\
\22	6	7	8	1	16\16	4	2	1	9
	16\	25\		11\25	9	3	1	4	8
\8	7	1	11\12	5	7	21\14	5	9	4\
\26	9	8	3	6	9\22	5	6	8	3
	\16	9	7	\9	2	7	\6	5	1
	\8	7	1	\16	7	9			

高级训练 90 答案

1. 青铜——唯一一个不是化学元素的词。

2. 110。这是 1、2、3、4、5、6 的二进制写法。

3. 滚动——唯一一个不是用腿进行的移动方式。

4. 262——唯一一个三位数总和不是 9 的数字。

5. 302400 秒。

6. 高速列车会比普通列车早 5 分钟到达。高速列车用时 40 分钟，于上午 11:10 到达；普通列车需要一个小时，于上午 11:15 到达。

7. 10 厘米。

8. $123+456+789=1369$　$963\times3=2889$　$145\times5=725$

9. 错。星期一后面应该是星期六（Saturday）。

10. A。这些字母是各个月份的英文首字母：如 January，February 等。

11. $120\times80\%=96$　$2\times58275\times0.5=58275$
$200\times78\%\times100\%=156$

12. 6。

13. 1/64。（二分之一的六次方）

14. 我赢的机会比猜硬币小——猜硬币游戏赢的几率为 1/2，而在赌场转板上的数字共有 37 个，18/37 比 1/2 小。